# 产教融合视域下依托现代产业学院培育应用型创新人才实践研究

Practice Research on Cultivating Application-oriented Innovative Talents Based on Modern Industry Colleges from the Perspective of Industry-education Integration

于振邦 谭春波 刘雪莹 著

经济管理出版社

ECONOMY & MANAGEMENT PUBLISHING HOUSE

**图书在版编目（CIP）数据**

产教融合视域下依托现代产业学院培育应用型创新人才实践研究 / 于振邦，谭春波，刘雪莹著. -- 北京：经济管理出版社，2024. -- ISBN 978-7-5096-9778-8

Ⅰ．G649.2

中国国家版本馆 CIP 数据核字第 2024R217G5 号

组稿编辑：赵天宇
责任编辑：赵天宇
责任印制：许　艳
责任校对：蔡晓臻

出版发行：经济管理出版社
　　　　　（北京市海淀区北蜂窝 8 号中雅大厦 A 座 11 层　100038）
网　　址：www. E-mp. com. cn
电　　话：（010）51915602
印　　刷：唐山玺诚印务有限公司
经　　销：新华书店
开　　本：720mm×1000mm/16
印　　张：14
字　　数：225 千字
版　　次：2024 年 9 月第 1 版　　2024 年 9 月第 1 次印刷
书　　号：ISBN 978-7-5096-9778-8
定　　价：88.00 元

本著作为山东省本科高校教学改革项目"应用型本科高校现代产业学院建设研究"（编号：M2022346）阶段性研究成果

本著作为山东省教育科学规划创新素养专项重点课题基于"三领三融"的应用型创新人才培育机制构建路径研究（批准号：2022CZD020）阶段性研究成果

# 前　　言

　　一只木桶所装水量的多少，取决于木桶自身的"短板"是否能够与其他板材保持严丝合缝的"拼接"和自然融通的"平齐"。同样的道理，基于"融合式"育人机制，依托现代产业学院培养具有国际范、中国心和本土情的应用型创新人才，也需要施教者全力深挖"应用型"建设和创造力提升过程中的"痛点"与"堵点"问题，竭尽所能补齐"短板"，理顺产教融合、现代产业学院建设和应用型人才培养三者间的逻辑关系，为区域经济社会发展培育高素质人才。这无疑需要所有致力于应用型创新人才培育实践的开创者们勇敢地走出"舒适区"，以昂扬姿态迈向"深水区"，以开放思维谋求适用路径，以融合理念搭建生态体系，构建产教融合新机制，施行人才培养新模式，使之更好地发挥出高效引领和广远辐射作用。此举意在通过强化体验式认知，尽力疏通实践航道，点燃受教者内心深处所蕴藏的"星星之火"，使其穿越一筹莫展的"冰河"，迸发灿若星汉的创新意识，并不断提升自我"敢为人先"的创造能力，最终将创意想方设法落地于实践，真正实现"知行合一"。

　　2023 年 7 月，教育部支持建设的首个国家级产教融合共同体在江苏常州成立。如此之盛事，表明了政校行企协同破解产教融合机制障碍、共同构建产教融合新样态的紧迫性和时代价值。一时之间，"一体两翼三维"构建现代产教融合新体系越发成为时代风潮。即从省域、市域、行业三个维度，长链条、跨区域、多主体全面铺展教育和产业统筹融合体系建设。2024 年 1 月，工业和信息化部、教育部、科技部、交通运输部、文化和旅游部、国务院国资委、中国科学院七部门联合印发了《关于推动未来产业创新发展的实施意见》，提出以未来产业孵化器、先导区和国际化策源地为建设主轴，坚持以创新为动力、以企业为主体、以场景为牵引等支撑强国建设，力争到 2025 年初步形成符合我国实际的未来产业发展模式，到 2027 年未来产业形成可持续发展的长效机制。

乘借国潮东风，人们昂首向前。为蹚出一条真正适合自己的新道路，各界纷纷围绕产业发展需要，以服务于现代产业体系换代升级为己任，积极探索产业行业领衔牵头、高校企业深入参与、平台载体协同助力的"融合式"育人机制和创新型人才培养体系。由于"大学是教育生态的高地，是活力青年们的聚集地，是社会栋梁的摇篮，也是创新变革的孵化器"（李骏翼等，2023）。应用型本科高校作为其中的一分子，对此自然是义不容辞。它们以勇敢的职责担当和执着的创新精神，肩负起自身神圣的使命；它们乘风破浪，披荆斩棘，满腔热情地融入产教融合生态圈，在与时间赛跑的航道上尽情展现自我独特的风采。留意的人们也会看到，一座座"双师型"培训基地如雨后春笋般拔地而起，一场场别开生面的校企交流合作会议风吹麦浪般接踵而至，一次次热火朝天的产教融合对接活动春雷炸响般悦动空前……

"天下难事必作于易，天下大事必作于细"（王孺童，2013）。不可否认，难易本是同根生，成事皆在坚守间。实践也早已证明，创新素养的提升，绝不能一蹴而就，但更不会一劳永逸，而是需要一个"接续性"渗透和"进阶式"验证的过程。由此，应用型创新人才的培养，一定离不开宏阔视野、创新发展和融合落地等综合元素的"合力增效"。它首先应锚定受教者本身对于综合素养提升的实际需求，由易到难、由浅入深、由小到大地构建一个产教一体、理实贯通和螺旋攀升的生态化培育体系，以助力个体和群体有效激发创新创造意识，细致描绘了萌生文化创意的知识架构与灿烂图景，进而使其在怦然心动的学思践悟中，不断将创新素养内发于心、外显于形，并着力挖掘自身综合潜能，催生出更多接续前行的实践动能。

诚然，在产教融合浪潮的推涌之下，以现代产业学院建设为依托，基于"三领三融"的应用型创新人才培育机制探索与实践，虽然恰逢其时，却也面临着更多、更严峻的考验与挑战。一方面，此项研究通过中西对比，更加明确了产教融合视域下思政引领、创新引领和实践引领的必要性与实践价值；另一方面，它也以创新意识增强与创造能力提升的高契合度，为应用型创新人才的优质化培养，提供了较有说服力的案例参照和实践佐证。往大处讲，国际化视野的拓展和延伸，本身就无法脱离开放融通的高效机制建设和与时俱进的实践探索，这与产教融合背景下创新型、全球化时代所体现的群体化、生态型、链条式和包容性等发展特征不谋而合。而且无论是"互联网+"思维的深入推进，还是"外语+"模式的验证，都是对"融合式"育人机制综合效用的最好注解。实践证明，坚持思政引领、专创融合，是在新时代落实"立德树人"根本任务的内在要求；坚持创新引领、产教融合，是深化教育机制改革的突破性探索；而坚持实践引领、校地融合，则在很大限度上为"融合式"育人机制的构建和完善找准了实际抓手，也使校城融合、校企合作更加"接地气"。它们，都为应用型创新人才培养提供了可靠保障和有力支撑。

在本书涵纳的五章内容中，第一章涉及产教融合视域下基于"三领三融"的应用型创新人才培育机制构建探索，主要以产教融合视域审视应用型创新人才素养提升，围绕思政引领、专创融合，创新引领、产教融合，实践引领、校地融合等"三领三融"培育机制构建主题，对相关模式和有效路径展开个性化探索，并依托现代产业学院建设拓展育人空间和优化孵化链条。第二章主要就如何深入挖掘"三领三融"机制的实践价值和高效实施现代产业学院建设行动方案，做出了深入探讨。第三章对产教融合视域下基于"三领三融"的应用型创新人才培育机制构建成效进行了细致解读和复盘反思。第四章辅以部分特色化、典型性研究，凸显了青岛黄海学院作为应用型本科高校依托现代产业学院建设深入践行"三业融合"育人战略和培育应用型创新人才的综合成效。第五章主要介绍了产教融合视域下应用型创新人才培育机制研究的相关结论和认知心得体会。总而言之，究其内在逻辑机理和融通意蕴，无外乎一个词，那就是"融合"。

但这里的"融合"，并不是一味地讲"增补式"的死板加法，甚或"火并式"的硬性拼接。相反地，它更多需要的是要学会适时"精简"，绞尽脑汁规避和摒弃系统内存中那些无序的因子和混沌的状态，以便减少"熵值"，尽可能多地防止出现"卡顿"现象。因而，产教融合背景下的"三领三融"，理应以现代产业学院建设为依托，成为注重简约、体现效能、做好引领和讲求适用的应用型创新人才培育机制构建思路，并以此打开自我认知提升和多重能力进阶的窗口，以宽广视野和创新精神，铺展、顺接深层次探索应用型创新人才培育机制的新天地。相信承袭此机制的引领作用，不断求索向上的人们一定能够紧握产教融合、专创融合的实践抓手，将坚定的信念力、强劲的内驱力、超凡的自制力、卓越的专注力和稳妥的修复力五大"原力"，有效地聚拢在一起，使之更好地保持平衡发展，取得创新性突破，并通过不断强化自觉意识和主动获取优质成长体验，重新融入一种宁静且充满喜乐的"心流"状态之中，进而让"日日是好日"，使"人人有所得"，可视化地遇见未来那个"更加优秀的自己"。

诚如《学习天性》一书的作者所说：其实，限制我们的不是现实，而是我们对现实的理解。如果更多的人能从心底接纳这种无限成长的信念，我们的创造力将会得到更大的释放（乔·博勒，2022）。并且"从全球来看，当前新一轮科技革命和产业革命正在孕育兴起，重大科技创新正在引领社会生产新变革，互联网、人工智能等技术的发展正在不断重塑教育形态"（浙江省教育厅教研室，2023）。而应用型创新人才的培养，恰恰就需要这种能够在"重塑"进程中融汇可用资源与探求创新发展的"能力"与"能量"。要提升这种能力，其实就像清华大学经济管理学院钱颖一教授早在 2017 年提出的那样，更重要的在于好奇心的驱使和想象力的推动，不仅要练出"会思考"的大脑，还要造就"能创新"的思维，不仅需要远与近的眼光、主与次的拿捏，还需要得与失的取舍、进与退的抉择。它们营造的"能量场"，如影随形地贯穿于施教和项目孵化的全过程，旨在增强学习者处理复杂问题、驾驭团队运作和不断奔向"卓越"的综合素养与实践技能。

鉴于此，人们需要做的就不仅仅是产业链条的简单顺接、专业知识的浅薄嫁接和融合机制的单向组接，而是应锚定"应用型"这一特色化较为明显的功能定位，基于学生专业品质增强、创新素养提升和职场技能应用等，有效创建和接续完善能够真正契合于区域经济社会发展和高素质创新型人才培养"新需求"的鲜活机制，深入而有效地依托现代产业学院建设，携手链主企业，理顺上下游关系，竭力发挥其在产教融合过程中的"领头羊"和"传帮带"作用，着力凸显融合式、体验式和项目式育人成效。一方面，要全方位实施"思政引领"，融合式培育质量文化；另一方面，也要深层次推进"创新引领"，接续性打造质量工程。此外，还需要大范围地强化"实践引领"，通过拉紧生态链条，落地实践项目，以"项目化"夯牢认知体验。以上算是项目组成员发挥集体合力，基于产教一体化理念，为接续探索"三领三融"的应用型创新人才培育机制，坚持以现代产业学院为依托在实践路径上做出的努力，辅之以有一定说服力的支撑案例，以便为研究者们进一步探讨高效能的应用型人才培育机制提供有价值的借鉴。

记得在《肖申克的救赎》一书安迪写给雷德的信中，曾出现这样的表述："希望是个好东西，也许是世间最好的东西，好东西永远不会消失的"（斯蒂芬·金，2015）。凭此而论，我们也可以断言，遵循产教融合内外机理，借助并发挥现代产业学院的实践功效，去构建适用性强、辐射度高的应用型创新人才培育机制，也一定能够成为炙手可热的"好东西"，因为它带给所有致力于高素质应用型人才培养工作者们的，就是更为美好的"希望"和更加璀璨的未来……

衷心感谢为此书付梓提供帮助的所有领导、师长与同学们！感谢孟岗博士、邢军博士、Rick老师、靳宗玉主任、赵俊霞老师、杨婷老师、宫慧英教授、李涛教授、彭人勇教授、刘雪莹同学等在产业园区规划建设、体验式学习方式、智慧型平台创建、高绩效团队打造、特色性案例提炼、赛教一体化模式探索等方面给予的思维触发、动力支持和数据支撑！也感谢出版社的编辑们不辞辛劳的付出与努力！

因时间仓促，书中内容不当之处在所难免，诚望各位专家、老师及同行予以批评指正！

于振邦

于山东青岛

# 目　　录

# 第一章

## 产教融合视域下基于"三领三融"的应用型创新人才培育机制构建探索

曾经三度获得"普利策奖"的美国经济学家托马斯·弗里德曼，在其极度凸显"以信息化驱动全球化并破解不均衡现象"的著作《世界是平的》一书中，将"创新时代的引领力量"置于"碾平世界"的十大动力之首，这足以说明"创新"的实践成效和应用价值之所在。因而，坚信创新的磅礴之力，如何造就具备创新意识和创造能力的高素质应用型人才，使他们捕获并蕴藏参与社会激烈竞争的超强能量，并能够汲取在职场竞争中拥有一席之地的核心素养，更好地推动时代发展和促进社会进步，便成为广受关注的重大课题。本章聚焦于产教融合，以创新素养开篇，结合应用型本科高校的综合需要，将现代产业学院这一载体建设的逻辑机理、内外动能和增效合力融汇于内，对基于"三领三融"的应用型创新人才培育机制构建探索进行了一定的审视。

# 第一节　产教融合视域下应用型创新人才素养提升价值呈现

在全球化浪潮的翻涌下，夯实产教融合根基，稳固校企协同育人理念，服务国家发展大局，不断开拓视野、突破局限，构建协同创新机制和高效育人平台，越发受到人们的广泛关注，并日益凸显出深透的开放性和高强的跨越性。但是这种"视野"，倘若只是作为航道疏通甚或思维融合的单一视角，未免略显空洞和虚化。因而，要为高素质应用型创新人才的培养打开敞亮的天窗，绝对离不开创新素养和健全机制的有力支撑与强力推动。现基于产教融合深入推进的实际需要，就应用型创新人才理应具备的核心素养、相关研究的现实情况和凸显的时代价值，以及"卡脖子"的瓶颈问题、宏观实施策略等，逐一加以推介和解读。

## 一、产教融合和人才培养

产教融合，顾名思义，是将产业发展与教育教学实践有机结合，并着力于在融合中共生和在协同中创新，真正地使校企双方成为产学研创"一体化"培育高素质应用型人才的经营实体与孵化基地，以便实现校企协同育人机制的科学构建和办学模式的推广应用。现对新时代产教融合所发挥的主要功效及其与应用型创新人才培养的融通关系，作出如下说明：

（一）产教融合角色担当和发挥的实践功效

1. 催生骨干力量的"点将台"

无论是历史典故中的描画，还是史海传说里的推崇，"点将台"都是发现优秀人才、点选精兵良将用的台面基体。依此平台，上级可以对下级进行角色点选和任务分配，指派旗下成员"领命上阵"，驰骋疆场，奋勇直前。从这个意义来看，产教融合在此并不是一个极为抽象的概念，而是一个使人接受

"实战演练"且能冲锋陷阵的"用武之地"，不仅可为国家、民族助威，也能替部门、团队出力，并使个人出彩和扬名。

2. 聚拢优质资源的"流量池"

产教融合算得上是一种用"融合"理念和集群优势"说话"的庞大数据库，因其能够储存数字经济时代最为昂贵的用户关系和最具实效价值的产业链条，而将自有流量、内容流量、技术流量、平台流量和外宣流量等汇聚在一起，以摒弃纷繁芜杂的"枯枝败叶"，防止可用资源与有效数据的大量流失，确保优质资源得到最大化利用，最终达到节约资金成本、剥离垃圾流量和满足潜在需求的目的。

3. 存储精英品牌的"工具包"

这里的工具包，不单指生活中所用的那些存放各式各类有用工具的箱包、器具，也可以是功能强大、携带方便且安全高效的功能性软件包。产教融合可以算作一种"打包式"推进和集群化处理的实践行为，它离不开优质服务团队的集体智慧，也离不开梯度分明、权责清晰的市场拓展，当然更离不开"客户至上"理念指引下的品牌运营和各个主体之间"互惠互利"关系的有效维持和长效拓展。

4. 造就创新人才的"试验田"

这个词的意思大体为"试点区域"，或者"试点工作"，如产教一体化试验田、改革开放试验田等。此处的"试验田"，一般指的是为确保增收而进行农业试验的田地。而我们所说的这种"试验田"，不是建在"田间地头"的产教融合实践场域，其作用主要是为科技创新人员开展选题培育、项目甄选、深耕细作和综合治理等具体项目实践活动，提供空间场所和优质平台之便。

5. 培育实践项目的"孵化器"

产教融合不仅是应用型人才孵化的平台，也是产教一体化的灵动机制；不仅是科技创新和实践应用的"造梦工场"，也是团队熔炼和项目落地的"鲜活场域"。这种孵化器以服务大众创新创业为宗旨，凸显了科技成果高转化、生态环境高纯度，精神培育高绩效等特点，既面向科技创新型团队和个体提供可延展空间、共享型设施和专业化服务，也为打造创新创业实践载体和高素质人才孵化园区助"一臂之力"。

总之，"产教融合"无论是作为一种概念来解读，还是作为实践引领作用的发挥来诠释，都应该成为应用型创新人才培养的"练兵场"和"助推器"，而不能充当"高处不胜寒"的虚浮地，做看起来梦幻无边、用起来却"疲软低迷"的彩色球，甚或陷入"折叠的群聊"而一筹莫展。由此，这一现象也必将引发人们对于"真融合"和"高质量"产生更多的诉求。

（二）时代发展对于产教深度融合的新诉求

鉴于产教融合不是融合层面上的"一产到底"和育人层面上的"单线行驶"，应用型本科高校如何基于校政行企多主体深度合作而更好地提升人才培养质量，便成为新时代提出的研究课题。这里的"诉求"，主要体现在基本特质、培育质量、引领机制、培育载体等多个方面。

1. 创新人才基本特质的诉求

"所谓创新型人才，就是具有创新意识、创造能力，能够通过自己的创造性劳动取得创新成果，在某一行业、某一领域或某一工作岗位上为社会发展和人类进步做出突出贡献的人才"（王凯和李康海，2020）。其特质一方面表现在具有博学、厚实、勤恳、诚信的专业素养，另一方面也要具备攻坚克难和坚韧不拔的优良品质，当然，以实事求是的态度谋求创新发展的实践精神也必不可少。创新人才的这些特质，理应成为产教融合接纳的"闪光点"，也需要在产教深度融合的过程中，得到进一步锤炼和提升。

2. 创新人才培育质量的诉求

"高质量发展"这一2023年度热词，已成为时下开辟新发展格局的永恒主题，以此增强产业链韧性、行业契合黏性和校企协同合力，可谓大势所趋和持之以恒开辟未来新天地的航标指向。产教融合要在肥沃土壤中生根发芽和开花结果，不能不考虑以促进高质量发展为目标，竭尽所能地满足创新人才质量提升的新诉求。

3. 创新人才引领机制的诉求

因为机制建设是一个系统化、长效性建设，创新人才机制的构建和完善更离不开产教深度融合和校企紧密合作。在统领机制的引领下，通过一系列创新举措打造创新精英高地,利用科学化育人机制"聚才引智",早已成为新时代积淀内存滋养、赓续发展动能的得力举措。

4. 创新人才培育载体的诉求

载体指的是推举概念定义、涵纳资讯信息、抒发内涵思想的表达形式以及进行沟通所使用的具体方式和传播工具等。创新人才培育载体在产教融合背景下的运用,日益呈现多元化特点,并且随着时代的发展不断推陈出新,不仅形态多样,而且途径众多,从而为满足产业所用、行业所需、企业所求和个人所得奠定了基础。

基于以上诉求,应用型创新人才培养便不得不在产教深度融合方面谋求高效能、创新型和生态型的引领机制与适用模式,也需要在路径拓展上加大功夫,围绕"融而不合""合而不深""深而不透"等一系列久而未解、久而难解的实际问题,探求有效的破解之法。

(三) 基于产教融合的应用型创新人才培养

产教融合需要遵循产业发展的规律和与教育深度融合的准则,顺接产业链,畅通人才链,贯通教育链,通过布局新模式和打造新平台,寻求专产相接的牢固支点和撬动产教融合的多发触点,并深挖优势资源,共建校企合作智慧平台,以促进新业态发展,凸显新技术进步,并成就新事业辉煌。而这一切都离不开高素质人才的支撑与助推作用。

应用型高校建设单位以培养高素质应用型人才为神圣使命,产教融合无疑为其培养提供了新的实践思路和拓展航道。在加大校企紧密合作力度方面,产教融合越发起到了助推作用。它不仅使一大批现代产业学院如雨后春笋般成长壮大起来,更为学校"育人"、企业"用人"、行业"留人"和政府"助人"提供了平台,也为应用型人才大展宏图创造了良机。

以奋力打造"现代产业先行城市"的青岛为例,这座"创新之都""创业之城"和"创客之岛",正意气风发地推进实体经济振兴发展,在着力探索产教深度融合新模式,以促进创新机制完善、创业路径拓展和创意成果转化,进而为构建具有产教融合创新力和国际化竞争力的现代产业新型体系赋能增效。

由此而言,基于产教融合的应用型创新人才培养,不能摒弃"融合式"

思维和"创新性"应用。而在此过程中，核心素养的提升和国际化视野的拓展，不仅成为深入推进产教融合实践落地、着力培养"敢闯会创"应用型人才的主要目标，也在内生力量增强、核心动能催生等方面提出了更高的要求。

**二、核心素养和国际化视野**

我们知道，以培养应用型人才为主要目标的应用型本科教育，开创和打造了现代高等教育的新模式，在科技发展日新月异和经济社会的强力助推作用下，更加凸显自身特色和实际效用，而"创新"一词，则强调了此类人才的"熔炼"和"锻造"，更应在开拓进取精神培养和创造能力提升上着力凸显。那么，基于"国际化视野"所培育的应用型创新人才，都需要具备哪些核心素养呢？对此，我们首先从以下两个方面的解读入手。

（一）应用型人才的核心素养

这里的核心素养，指的是个人在信息化、全球化、学习型社会，面对复杂的不确定的情境时，综合运用所学的知识、观念、方法，在解决实际问题时所表现出来的价值观、必备品格和关键能力（夏雪梅，2021）。在信息化社会和人工智能时代，其实就是受教者借助于多元化的科技和人文手段，经过全面、系统的培育，而获得的包括正确价值观、创新创造能力、内在品格修养和开放融通视野等一系列关键元素在内的综合素质。

2016年9月，中国学生发展核心素养研究成果发布会在北京师范大学举行。会议明确提出"核心素养综合表现为人文底蕴、科学精神、学会学习、健康生活、责任担当、实践创新六大素养"（何海江，2021）。由此可见，作为一个系统化工程，核心素养的提升不能依靠单一元素的"硬性植入"和逐个板块的"刻板拼接"来实现。它重在"聚内核""提素养""传能量"，通过有效提升处理真实性、复杂性问题的实战能力，达到使人终身受益的终极目的。其意义在于不断增强参与者的创新意识，使之保持健康的生活习惯，不断调整自我心智，逐步适应社会发展的快节奏，并履行好自身的责任担当，进而在实践中勤勉向上、在生活中迎时解困，不断获得可持续发展的给养和实践技能。比如，对于核心价值的认同、对于道德修养的培育、对于创新理念的认知、对于健全人格的重视，以及对于合作精神的强化等，这些核心素养的提升都需要纳入一个科学而又健全的引领机制中，在广博的专业知识、深厚的文化素养、精进的创新意识、强劲的融合技能、卓越的重塑能力和长效的战略思维几个方面有所凸显。实践也已经证明，健全机制对于提升应用型创新人才的核心素养、构建思创融通的课程体系和打造高效能实践育人平台等大有裨益。

应用型创新人才具备的核心素养如图 1-1 所示：

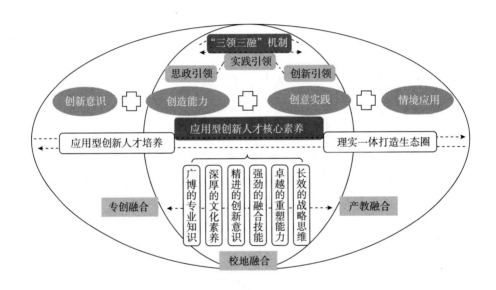

**图 1-1　应用型创新人才具备的核心素养**

当然，核心素养原本就是一个需要内外机体通联、生态系统支撑的"外显内化"式体现。要使其全面性、综合性和融合性特征得到充分体现和有效提升，务必要紧跟时代发展的步伐，不断"与时俱进"地与科技、思政、人文等核心要素深度融合。在这之中，洞察力的培养必不可少。所谓洞察力，就是透过表象，看清系统这个"黑盒子"里各个要素以及它们之间连接关系的能力（刘润，2021）。而在实际上，这种"洞察力"其实就是创新力与融合力的齐聚，是核心素养不可或缺的组成部分。

提升核心素养，离不了原创精神。由于核心素养的积淀需要发扬实干精神，立足实际做好"原创"，加之增强"原创力"并非朝夕可成，要更好地发挥辐射效用，亟须良好的洞察意识，也不能缺失"推陈出新"理念和融合并进思想的落地实践，所以在这里非常有必要谈及"原创"。

其实，"原创"不仅仅是不抄袭、不拷贝，更重要的是在创造新产品的过程中探寻深度融合的"结晶体"，使之成为一种"对号入座"且能长久取胜的真做意识和实战技能。而融合，则将机制创新和系统更新融入"品质再造"的全过程，同时又为深层次酝酿好的"原创"作品奠定了基础。这一"链条式"反应，不仅能够有效地整合平台资源，也有助于打造高效能研究型团队，熔炼有价值、有归属、有展望、能执行的卓越品质，进一步确保"深度原创"和"高质量提升"有条不紊地开展。具体来讲，好的原创，首先，需要集中优势"兵力"深挖"核心"资源，而绝非靠变相抄袭、轻度拷贝甚或隐晦窃取；其次，好的原创绝对离不开创新精神，需要坚持与时俱进，并不断拓宽思路，在内容、方法、路径甚或技巧等方面谋求超越常规的突破；最后，好的原创，也不是靠吹嘘、吹捧，或者生拉硬扯得来的，而是要遵从于实际，敢于"示弱"、表露"盲区"和接纳新生事物，能够从实际出发熔炼"新思维"、掌握"新技艺"，并谋求"新发展"。

**（二）基于国际化的视野拓展**

2022年7月底，教育部高等教育司司长吴岩出席第二届全国高校教师教学创新大赛全国赛闭幕式暨总结会，并作题为《锻造中国金师》的主旨报告。他强调了"中国金师"需要具备政治素质强、教育站位高、国际视野宽、五术要求精"四大要素"，并指出教师主动关注国际高等教育发展趋势和变革方向以及在国际视野中精准把握中国高等教育发展的重要性，并呼吁要以"大格局"谋求"大境界"，以"高水平"舒展"大舞台"。

随着经济的日益全球化，国际的竞赛变得白热化。直接的结果是，社会对于人力资源的要求发生了根本性的变化（程星，2014）。由此，创新人才的培养和创新素养的积淀，首先要瞄准"国际视野"，做足"内修真功"。

这里的"国际视野"，不单是指突破国界的开放，即走出"小我"的狭隘天地，融入"全球化进程"的实践探索，也包括涵纳了迎接信息化社会发展、应对经济全球化竞争、扭转教育市场化倾向和培养人才创新思维等一系列核心元素的汇聚与融通。可以说，国际视野既体现了非凡的开放协同视角，又显现出高效机制的聚拢效应和引领作用。在创新思维遍布世界各个角落的当今社会，提升国际化创新人才的综合素养已成为新时代实现全面和高效发展的必然要求，也是各国立足于世界大舞台取得制胜先机的战略需求。而如何针对"国际化"标准的相关考量进行卓有成效的提升，则自然成为高等教育要直接面临的挑战性问题。

### 三、研究现状和未来趋势

明确地讲，高素质应用型人才培养，除了内外兼修，更重要的在于眼界得开阔、思维要融通和路径需适用。正如《孙子·谋攻》中所说的那样："知己知彼者，百战不殆"（思履，2016）。以融合式思维和国际化视野审视应用型创新人才培养素养提升的研究现状，是实现"知己知彼"推进"融合式"创新实践落地的有力措施，不仅能够更好地知晓创新发展的脉络，还可以明晰素养培育中的缺漏。现结合全球相关研究趋势和国内研究现状，就"融合式"育人机制构建问题进行说明。

（一）全球研究趋势

研究发现，美国通过建立并实施内外协同机制，以州立大学为基本单元，力主构建产学研合作培养人才模式，通过实施"项目或课题"与合作教育两种模式，为创新人才培养提供质量保障。英国则力主充分挖掘科技发展潜能，出台相关政策激发市场活力，配合教育系统完善并推动创新性发展。其做法对于我国地方高校应用型创新人才培养具有重要的借鉴价值，一方面，可通过强化高校协同主体地位，激发各主体参与的积极性；另一方面，需推进协同创新组织机构建设，规范和健全制度设计。此外，还应加强校内外协同配合，促进培养方式多样化。

比如，美国耶鲁大学以培养世界公民、卓越领导者和前沿知识领域开拓者为己任，注重国际化素养和学科间的融合发展，寻求顶尖性国际教育合作伙伴，通过建设国际化师资队伍、打造多功能实验室和覆盖性超强的国际化、跨学科及数字化网络课程等方式，上下一体、纵横交融地构建人才培育"融合式"保障机制，着力塑造自身作为"21 世纪全球教育领导者的地位"（索成秀和蒿楠，2022），为学生营造出多元文化群体交相融合的氛围，培养了他们较好的批判性思维能力、创新创造能力和全面深入探究的思考能力等，可谓成绩斐然。再如，澳大利亚通过建设一批高比重、丰富性的国际化和跨文化课程，开拓学生的国际化视野，强化其基于政治、经济、历史和文化等"一体化"全球观念和创新意识。另外，还有日本通过制定和实施《国际化人才培养战略》，将语言交际、文化理解、主体使命等多元要素纳入人才培养"融合式"战略实施的全过程。

综上所述，当今时代国际化创新人才的培养备受世界各国重视，且在融合式育人机制、优质化模式探索和适用性路径研究等方面各具特色。我国应结合自身国情现状，以其为参照加以创新，认真思考和探索克服融合式育人机制构建与国际化人才培养"短板"的有效路径，走出一条属于自己的可行性道路，并发挥较好的辐射带动作用，为国家教育发展和人才培养贡献力量。

实际上，不少的数据已经表明，新时代人们基于有效资源的充分对接和个性化需求满足的实际需要，适时探索信息化网络资源库建设的门槛和路径，并将中华优秀传统文化与时下正流行的"新媒体"有机结合，使之在国际舞台上"流光溢彩"，完全是在"通过多元化的传播形式，递级层进地扩大中华优秀传统文化的传播范围，增强世界对中华传统文化的认同感，实现中华优秀传统文化的国际化"（鞠萍和李宜伟，2022）。而这些恰恰是基于融合式育人机制培育应用型创新人才的"根脉"和"动力"之所在。

（二）国内研究现状

早在 2010 年 7 月，21 世纪中国第一个教育规划《国家中长期教育改革和发展规划纲要（2010—2020 年）》就发文公布，从拔尖创新人才培养改革试点、深化办学体制改革试点等十个方面指导全国教育改革和发展，就加强国际交流与合作、引进优质教育资源和提高交流合作水平等方面作出了纲领性工作部署。至 2020 年 6 月，《教育部等八部门关于加快和扩大新时代教育对外开放的意见》正式印发，对于形成更全方位、更宽领域、更多层次、更加主动的教育对外开放局面做了进一步强调，在增强高等教育人才培养国际竞争力方面可谓"重拳出击"，加大了融合力度。增强了聚合能量。根据调查发现，地方高校由于受到多种条件的影响，学生出国留学的比例较低。此类高校通过实施"本土国际化"的人才培养策略，"搭建校企合作平台，引项目进校；组建研发团队，开展高质量项目研究；将项目成果植入教学环节，充分发挥学生的主观能动性……"（谢冬，2022），并且在课程引进、师资匹配和方法借鉴等方面开展了广泛而深入的探索。但它们大多苦于自身师资力量薄弱、资金匹配欠缺等多种实际问题的存在，而举步维艰。

随着社会各界对于培养具有较好国际视野、精通国际规则且能够在国际竞争中取得一席之地的国际化人才的呼声越发高涨，硬性的考量标准和细化的素养要求也逐步跃入人们的视线。因而，如何进一步迎战国际市场的"认定"和经受住社会职场的"甄选"，更好地让"中国式"人才走向全球大舞台，便成为当今国内应用型本科高校为适应区域经济社会发展而着力培育国际化、创新型人才的迫切要求。

可喜的是，2022年8月16日青岛国际化教育联盟成立，将信息互联互通、优质资源共享、服务效能提升、特色体系融合、管理模式创新、评价工具利用等，纳入了一体化教科研协调机制建设和教育生态维护的全过程。这无疑为发挥平台良好作用、携手营造教育环境和提升师生国际化素养等提供了便利和保障。由此可见，即便是区域性组织的合作共建，也有助于促进多元文化融合发展和提升学校综合教育质量，并为构建优质人才培育生态提供了载体支撑、智力支持和可靠保障。

### 四、实践价值和探索意义

从总体上来讲，对于应用型创新人才素养提升的相关探索，基于理论的研究更加注重文化融合的"培根铸魂"作用。其研究力主通过高引领性构建助推核心价值观认同及其践行的内在机理与动力机制，以便增强学生的自主创新意识，更好地助力优质化人才培养和进一步满足区域经济社会发展需要。在实践应用方面，相关研究也更加贴合了中共中央办公厅、国务院办公厅印发的

《加快推进教育现代化实施方案（2018—2022 年）》中共中央、国务院印发的《中长期青年发展规划（2016—2025 年）》，教育部办公厅等七部门印发的《关于教育支持社会服务产业发展 提高紧缺人才培养培训质量的意见》，山东省教育厅印发的《关于加强新时代学生创新素养培育体系建设的意见》等文件精神和 2022 年全国教育工作会议要求，更加倡导应用型高校须深化产教融合，构建新机制、新体系，提高人才培养与产业发展和社会进步的适应性；同时也就学生成长成才对于时代创新发展的重要性作出了进一步的强调，主张通过不断优化创新创业价值观培育机制，做好科学引导和内在循环，深入实施大学生创业引领计划，激发其创新创业激情，使之成为国家建设和社会创新的主力军；另外，研究较多关注了产教融合、校企合作等方面的接续深化，瞄准高质量，促进新发展，实现新跨越，旨在为社会紧缺产业领域培育并输送具有合理层次结构、较高综合素养和良好专业能力的应用型创新人才。

（一）实现优质化资源疏通共享，打通资源整合壁垒

鉴于应用型创新人才素养的提升实非朝夕之功，高效整合优质资源使之发挥出"增效合力"便显得尤为重要。本书认真捕获时代发展契机和社会行业需求，尽量克服"同质化"研究现象，有效地吸纳了相关项目研究的精髓，并以之为基础，多方汇聚优质资源，通过深挖特色和凝练亮点，着力打通产学研创的融合关节，为实现应用型创新人才培养目标，不断探寻全要素、深融合、强支撑和高实效的人才培养内在机理和实践模式，在一定程度上形成了极具开放式、协同式和畅通式等特征的高素质应用型人才孵化链条。

（二）培育更具全球竞争力人才，填补素养提升缺口

在当今时代，应用型高校要培育具有全球化竞争能力的可造就人才，应着力使之具备较为广阔的"汇流"视野，基于所在专业领域不断伸展思维触角，提升自身认知水平，并充分利用临近"河床"的优势，增强跨领域"疏浚"和多学科融会贯通的能力。本书在培养和发展学生创新实践能力、开拓创新精神和自主创新能力上凸显了优质化、个性化和适用性等特点，且通过优化创新路径助推"科教强鲁"发展战略的落地实施，以便培养更多具有"敢闯会创"素养的应用型创新人才，从而为填补此缺口赋能增效。

### （三）提供教育治理适用性方案，提升人才培养质量

"打铁先得自身硬。"本书注重高素质应用型人才培养的"硬核"熔炼和优质化行动方案的落地执行。一方面，能够立足于中国国情和自身实际，放眼全球发展现状，聚焦自身发展需要，坚持以"立德树人"为根本任务，着力下好优先取胜的"先手棋"；另一方面，不断优化教育教学改革的创新思路，优质化构建引领性强、融合度高和接续性好的综合素养培育与提升机制，不断完善应用型创新人才培育体系，能够将研究重心放在科技创新、专创融合、产教融合等方面，并以标志性成果增进中华民族之自立自强和自身建设"脱胎换骨"，高效能助推应用型创新人才培养质量的提升（惠宇和杜瑞清，2016）。

综上可知，迎接着新时代、全球化相关研究的风潮，我国目前对于应用型创新人才的培养，在政策导向、构建机制和实践模式等方面正变得日渐成熟，在实践过程中已逐步认识到人才培养需要从知识应用能力、创新思维能力和自主学习能力等诸多方面着手，通过建设产学研实践基地、工作坊、实训室、经验库等来增强和培养学生自主创新意识与能力。但不可否认的是，不少人在实践中对于应用目标、创新特征等方面的认知，还存在理论滞后、实践断节等问题，"赛教一体"实践及科学健全的评价机制也亟须进一步加强。不过，当下有些学校坚持"以学生为本"的管理体制，根据培养创新人才和学生个性发展的实际需要，不断探索新模式、拓展新路径和尝试新方法，并且做出了一定的灵活调整，在某些方面取得了突破和进展，实现了学分制、导师制和目标化管理的有效衔接，值得所有实践者借鉴和学习。

### 五、建设目标和发展前景

"当今世界不仅是平的，还是脆弱的。世界在变得快速、融合、深刻和开放的同时，也面临网络、资本流动、贸易、气候、劳动力流动等一系列新挑战，这需要有效的全球治理……"（王辉耀和苗绿，2022）。基于此，本书更应站在全球视野，密切关注世界发展的现状和未来趋势，树立起宏伟和高远的目标，不断完善行动方案，并坚持以市场需求为导向和以产教融合为路径，全要素、深融合地提升有着一体化、场景式和思辨性等特征的核心素养，培育极

具国际视野和超强创新精神的新时代应用型人才。

（一）开拓"可延展"的视野境界，培养谋事成才的高超技能

要培养应用型人才，自身务必要具有融合式思维和国际化视野。此项研究的目标之一，就是不断拓宽研究者或施教者的视野，"融合并进"地增强其"关注全球"的意识，用创新观念和世界眼光考量人才培养的综合实效，以体现协同创新能力的"硬核指标"界定人才培养的层次与水准，使所育人才的思维触角得到无限延伸，真正具备"拿得出手"的技能本领，敢于在竞技场上"冲锋陷阵"。实践证明，实现此目标，不仅需要"能谋大事"的广角视野，也需要"可成伟业"的"亮剑"精神。

（二）深寓"可传递"的品格光芒，养成精益求精的良好习惯

内在素养是"有温度""能渗透""可培育"的高贵品质，能够生发接续传递的光亮，也能够传递浸润人心的暖意。然而，提升这一素养实非朝夕可成之事。尽管它可以让一个人受益终身，也会为他人照亮前行的路，但在提升的过程中需要发挥积极主动性，并落地于生活实践，在体验式认知上付出不懈的努力。本书将目标锁定在受教者内在德性、品格的蓄养上，是落实立德树人根本任务的有效做法，使受教者不断"稳中求进"，对于帮助其逐步养成"精益求精"的好习惯大有裨益。

（三）形成"可迁移"的思维方式，探求创新发展的适用路径

"思维方式是核心竞争力"（西冈一诚，2022）。它有助于激发每个人内心深处的创新思维，并促使他们不断突破自我局限，在奔赴竞技场的过程中占据制胜优势。本书力求实现在受教人员头脑中建立一种"能破局"的实践模式，最终形成"可迁移"的思维方式，推广"可效仿"的实践经验，可谓不囿于单一学科的"捆绑"，不浮于个别专业的"磕绊"，而是不断地提升学员的跨学科知识迁移能力，通过采用更加丰富的方式，不断拓展更为适用的路径，实现高素质应用型创新人才培养"提质增效"。

（四）畅通"可接续"的运行机制，构建素质教育的崭新生态

基于当下不少研究相对缺乏科学健全的机制接续引领，致使应用型人才的培养和创新素养的提升找不到应用广泛且实效明显的实践抓手。即便是勉强有

所接轨，却又在实践效用上无法得到正常和有效的发挥，因而本书力主谋求能够发挥长效作用的运行机制，将目标明确地聚焦于构建和完善实践效用好、辐射范围广的机制探索上，以进一步完善增强创新意识、提升创造能力和积淀综合素养的应用型教育新生态。

毋庸置疑，任何目标的树立及其实现，都需要一个科学监管、适度把控和高效评价的接续过程。而终极目标，都是由一个又一个"小目标"组合与累计完成的。其间，思维方式的转变是促进创新发展的契机，高效机制的构建是发挥高端引领作用的保障，而核心团队则是充实坚强支撑力量的中坚……它们共处在同一个生态体系当中，寄存着新希望，也为高质量培育应用型创新人才勾画了光辉灿烂的前景。

## 第二节 产教融合视域下应用型创新人才素养提升瓶颈问题

研究资料表明，虽然我国教育部近几年来一直积极调配优势资源，助力地方应用型本科高校有效吸纳国外高水平、优质化教育资源，并基于国内产教融合、校企合作，为服务区域经济社会发展打造产业链、夯实教育链、深化创新链和强化人才链，但契合于自身实际需求和能够产生较好接续成效的办学模式与实践路径，尚存在鄙陋和缺失，且在培养应用型、创新型国际化人才方面后劲略显不足。

由此，国内普遍借鉴具有半个多世纪建校史的德国应用技术大学的做法。此高校现已成为全球应用型人才培养的典范，其实践经验为我国培养具有国际视野和创新素养的应用型人才提供了参照，在构建国际化课程体系、打造特色化培养模式、搭建互动式交流平台和建设协同式育人机制等方面，起到了模式引领和思维拓展等作用。

我们知道，素养提升需要一个循序渐进、逐步攀升的过程。就制约瓶颈而言，有其综合性和复杂性的一面。因而，需要引起研究者们重视的，不仅包括所选择的视角，也包括人才培养目标的定位。要想解决这些瓶颈，就得遵从实际、追根溯源和创新路径，并考虑做好顶层设计和精准施策的问题。以刘雪莹为首的调研团队，面向全国一些高校开展了相关主题的调查问卷。调研范围主要包括青岛黄海学院、山东大学、青岛科技大学、河北师范大学、河北大学、河北医科大学、中国农业大学、南京大学、中国石油大学、北京科技大学、上海大学、广东工业大学、吉林农业大学等十余所高校。从数据分析来看，应用型创新人才的素养提升极其具有"必要性"。其中，认为根源在于"产教融而不合、校企合而不深"的比例为 64.52%。可见，应用型创新人才素养的提升，需要着眼于真正意义上的"产教融合"，定位于能够落地的"应用型"建设，并凸显出校企协同的"创新性"。

相关数据如图1-2所示。

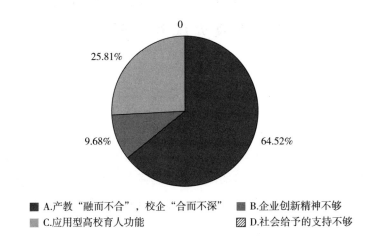

图1-2　应用型创新人才素养提升的"必要性"之所在

基于此，将宏观视角和微观视角相结合，尤为重要。认清这一点，有助于在理实一体推进、内外动能发挥、区域引领强化、融合生态构建等诸多方面实现新突破，以便找准瓶颈、寻到方法和解决问题。

### 一、"本土化"设计的片面性需要周全

国家领导人在多个国际场合强调，文明互鉴，就是彼此借鉴、相互学习（龙迎春，2021），应用型创新人才培养也应该基于融合式思路拓展日益走向国际化，它不仅需要中西结合，取长补短，更需要凸显特色，提升创新的深度、广度和延展度。关键就在于，认清现实问题，对于"本土化"设计中存在的片面性敢于"示弱"，并通过扎根于融合式育人实践，循序渐进地探索"中国式"设计方案，在不断"查漏补缺"中弥补这一弊端。

### 二、"单行线"实践的欠缺性需要弥补

长期以来，国内研究较多地偏重于理论方面的探索，在认知上缺乏实践验

证，在真正适用于具体场景和真实情境的适用模式构建方面也缺乏深入探究和长远规划。如此只在理论上做单一路径的研究，可谓有百害而无一利。因为"单行线"的实践思路，不仅耗时费力，更在素养提升上无法产生"融合式"和"渗透式"功效，而极其需要将其与实践验证"并轨"，以便理实一体地发挥出"双向增效"的实际作用。

### 三、"内驱力"激发的效能需要增进

想在现实生活中激发起他人或者自己的内在动机，我们也有路径可寻，即给予自主权、设计胜任感以及引导社交关联（何圣君和王怡，2021）。这就要求引导者和实践者需要在以下几个方面做出一定的努力，即通过列清单、做选项和定目标等方法获得自主权，通过营造成就感、实现精进循环等方式树立自信心，通过创建归属感、强化个体融入等路径增强群体合力。以上种种，可以作为高效激发内驱力的借鉴路径。

### 四、"潜能型"蓄存的觉察力需要提升

2017 年 10 月，习近平总书记在党的十九大报告中明确指出要"深化产教融合"以来，全国上下兴起了将产业与教育深度融合的热潮。这一助推人才培养质量与行业企业发展紧密契合的指令，立马成为推波助澜的"锐器"，指引着实践者以十倍百倍的热情不断地积蓄力量、激发潜能。但时至今日，将"产""教"深度融为一体、使"校""企"紧密结合成链的"觉察力"依然需要大幅度提升。人们似乎对于这种潜能开发的重视程度还不够，或者是受传统模式的影响过深，一时难以从根源上进行改变。

### 五、"区域性"定位的局限性需要延展

众所周知，服务于区域经济社会发展是培养应用型人才的航标指向。但这并不是仅以服务于区域经济社会发展作为应用型创新人才培养的目标，就是施教者全部努力的终极方向，或者说是唯一需求。从长远眼光和全局发展上来看，单单定位于"区域性"或多或少还存在一定的局限性。较为理智和明智

的做法是坚持与时俱进，结合实际因地制宜和因时制宜，切不可以用"老眼光"看人，以"旧思维"和"死标准"圈限，而毫无审时度势的方法推及和实践效用延展。

### 六、"融合式"落地的生态圈需要构建

融入生态圈，才有可能更好地"以融合谋发展"，然而，"生态圈"是什么？

生态圈作为产教融合高质量发展的"样板化"设计，目前已成为区域性产业助推教育综合改革和赋能区域经济社会发展的有效路径。将其定位于应用型人才培养，就是要以"提质培优"为改革的先导思想，围绕产教一体化、高质量发展、练好内功、立德树人等关键词，通过构建和拓展可学习、用得上、有实效、能推广的创新型教育发展模式与优化路径，循序渐进形成借鉴价值大、推广效果好的优质化产教融合育人模式，为服务国家区域发展战略，优化区域教育资源配置等营建风气正、能量足、辐射强的良好生态。

对此可以列举生活中的实例加以说明。比如，当我们乘坐地铁中转新的路线时，往往会有不少人脚步加快甚或"一路狂奔"，这个时候你原本淡定的心态也会随之有所起伏。当然，倘若你的内心平静如水，就不会过多受其影响，也不会随之心潮起伏和一路狂奔起来。在这里，我们说那些"快行者"或者"狂奔者"无疑充当了"制造焦虑"的角色。那么，如果将其扩大到行业发展、企业运营、人才培育等方面，就可能面临同样的问题，从而造成整个行业"贩卖焦虑"、企业实体"争名夺利"以及教育机构"趋向功利"等不良现象。综上所述，可算作不良生态圈的个别案例。

正面的例子却多如牛毛。在此试举一例，据前华为老员工杨少龙透露，华为技术有限公司主要创始人兼总裁任正非不惜斥资 40 亿元向 IBM "拜师学艺"，五年磨一剑，最终登上世界通信科技巅峰，实现了从"土狼"到"雄狮"的蜕变。以做"好学生"的虔诚心态，虚心向学，力争管理"规范化"、生产"职业化"和成长"国际化"，从而形成了从"消化"先进经验到"优化"旧有模式再到"固化"创新机制的科学健康生态。

那么，"如何融入"则成为重中之重的问题。由于后续篇章中"三领三融""三业融合"等部分会进行详细解读，在此，暂不做赘述。

综上所述，我们可以得出这样的结论，在面临素养提升的"瓶颈"问题时，任何"画地为牢"的做法，都是不明智甚至是极其错误的。而国际化视野的培养，本身也需要在"接受现实"中扭转航向，下大力气丢掉自大的身份，咬紧牙关突破自身局限，以宏阔宽广的视野和脚踏实地的作风，去探求应用型创新人才素养提升过程中诸多难题的破解妙方。

# 第三节　产教融合视域下应用型创新人才素养提升践行策略

　　明确人才培养中的实际需求及亟须解决的问题，并能因势利导、顺势而为，方能寻求到有效破解的方案。从策略研究的角度来看，通过提升关注力、创新力和融合力来进一步培育应用型创新人才的综合素养，不失为一种凸显成效的实践做法。但如果只是在这些方面体现，未免太过于虚空。要提升素养，需要构建适用、可行的实践方案，需要走出舒适区，真正落地"知行合一"。但也绝不是口说无凭的"侃大山""玩花样"，或是停留于表面的"走形式"和"搞浮夸"。

## 一、聚合"融创者"取法制胜的实践动能

　　融合式创新是动静皆宜的实践行为，但是人们往往会偏重于理论上的述说，而缺失于行动上的付出。实现产教深度融合，更不能无视这一"缺漏"。此时，如果能够让聚合之力"动起来"，使之发挥实际作用，则尤为可贵。

　　1. 善"融"者智

　　善融本身是有素养的体现，也是一种能力，同时又承袭了"和而不同"的中华优秀传统文化，成为直面困难、灵活应变的高贵品质。它源于为人处世之道，此类人不仅有着良好的交际关系和文化素养，而且随遇而安、融合并生的能力更强，能够与性格迥异、背景复杂的人群建立长久的和平共处关系。而善创者则力求突破常规，能文能武且敢闯会创，往往成为"一创得名"而天下尽知的获胜者。当然，善融善创者都是灵便机巧之人，能够审时度势，在关键时刻"化干戈为玉帛"，即便是遭遇激烈冲突和矛盾，也能以平和、包容的心态"化凶为吉"。无疑，以上品质属于"有智慧"的表现。

　　2. 善"动"者灵

　　《孙子兵法》之"军形第四"上说："善守者藏于九地之下，善攻者动于

九天之上，故能自保而全胜也。"在这里，"动起来"的意思肯定不单单指那些"善于进攻的人"，而更确切的是指那些善于把握时机、主动出击的实践者，他们动若脱兔、势如破竹。因而，这样的灵动者才有可能是"完全取胜"的一方。此外，"善动者灵"也说明经常用脑、敢于实践的人，相对于常人而言，思维更加敏捷，眼光更为锐利，能够在"危难之际"灵巧应变，以"创变"和"灵动"取胜。而实际上，任何人，只要他的责任是行动，而不是思考或了解，就要全神贯注地面向未来（彼得·德鲁克，2009）。这就如同罗振宇在2024"时间的朋友"跨年演讲中所说的那样，行动起来才有"创新"，具体起来才会"深刻"。而面向未来的行动即"动起来"，凝聚着实干精神，其灵动价值不言而喻。

3. 善"创"者胜

形成持续开火的"勤恳"，这是数字商业的战法，也是场景创新的心法（吴婷，2023）。这无疑说明，唯有付出非同常人的努力，才能通往成功之道；唯有不断创新，才能接续取胜前行。因为只有创新、唯有创新才能引领未来，才能带领我们见证更多瑰丽的场景。谁牵住了科技创新这个"牛鼻子"，谁走好了科技创新这步先手棋，谁就能占领先机、赢得优势（郭创伟，2023）。

在这里，不得不提及两个概念，"原创新"和"元创新"。简言之，"原创新"强调创新的独立性，没有模仿他人。"元创新"则关注0到1的突破（李久鑫，2023）。二者矛盾吗？答案当然是否定的。"原创新"注重在源头上"独一无二"的创新，而"元创新"却在借鉴中发酵、在探索中成长，看似一种"超越了'一穷二白'的突破式模仿"，但是这种"模仿"恰恰是融合式发展必不可少的关键要素。没有"站在巨人肩膀上"的深度学习、积极吸纳和认知提升，便永远不会有真正意义上的"从0到1"和"超越自我"。

4. 善"数"者赢

数字化的愿景是通过数据与人工智能技术的广泛应用，构建与物理世界共生共荣的数字世界，实现人类社会的智能升级（华为企业架构与变革管理部，2022）。从中我们不难看出，数字化是新时代教育教学改革的重要途径，围绕"驾驭性"适应能力、"创造性"复制能力和"情感性"社交能力等提升，铺展创新思维，结出绚丽之果，进而获得制胜先机，登上"赢家"所踞高峰。

因而，要谈及"策略"，就应该在融合创新、数字素养等方面深耕细作，基于具体的参照模式和有效的实践路径谋划行动方案。它由一个个包括学识、洞察、创见、信仰、眼界乃至融合理念等在内的关键因子串接成链，需要"点对点"地呈现"爱人悯物"的仁德素养，需要"线连线"地进行高屋建瓴的智库谋划，也需要"面对面"地铺展切实可行的落地方案与践行路径。

详细策略如图1-3所示。

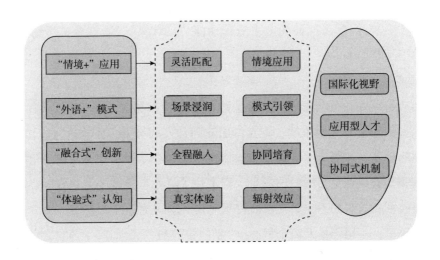

图1-3 国际化视野下基于"三领三融"的应用型创新人才培育机制构建策略

**二、夯实"情境+"实际应用的生活根基**

缤纷多彩的生活，也是一部百科全书，可操作性较强的"策略"和能见度较好的"谋划"，大都来源于生活日常的具体实践应用和后续复盘反思。倘若人们在宏观层面上加以考虑，将其置于核心素养的总体框架下，那么注重"情境"匹配和细化"场景"应用，理应成为此过程中务必要全力斟酌的问题。而情境是指支持学生进行探究学习的环境，这种情景既可以是物质实体的学习环境，也可以是借助信息技术条件所形成的虚拟环境（赵希文和杨海，

2012）。也可以说，夯实这一根基的实质，其实就是将综合素养的提升长期不懈地"浸泡"于个体或者团队的生活习惯养成之中。其最终目的，是为受教者营建能够基于自身实际使所学知识融入真实环境并灵活应用，也让他们在一个个独立而鲜活的具体情境中，更加关注那些既"平常"又"非凡"的具体场景，从而在心得体会上日臻完善，在认知心理上逐步走向成熟，"久久为功"地成为固化思维方式，促使实践技能提升更加"对号入座"。

### 三、提升"外语+"融合模式的浸润功效

将"外语+"思维融入应用型创新人才培养的全过程，并使之成为常态模式，本身就属于一种开放融通的国际化思维模式。但作为一种策略的话，需要考虑的是其中的关键问题，即如何更好地将语言技能的提升完美地契合于应用型人才培养，使受教者浸润于相异文化的氛围中，更加科学、有效地提高自己直接感知外语的能力和用外语直接思维的能力。一方面，多种语言之间的转换，既要考虑如何帮助学习者更好地继承和弘扬中华优秀传统文化的精髓，跨时空、跨国度地展现丰富、独特而又极具内涵的东方魅力，又要注重适当把握怎么样通过虚拟性地创建相对纯正的应用场景，尽量真实地实现中西文化的自然切入与有效融汇；另一方面，"外语+"模式本身并不是一个可以一眼望到边际的平面图，而是需要将专业知识、综合技能和外语应用全面交融的立体化、多维度空间设计，对于参与者的综合素养考量较为全面，不能单凭简单的"贴合"与"借靠"就可以完成。

### 四、加大"融合式"特色创新的推进力度

放眼当今世界，"融合式发展"已成为时代不可逆转的潮流，而"融合式创新"更是"脱胎换骨"于固化模式和持续构建长效发展规划的实践探索。随着产教深度融合、校企紧密合作越发成为高等院校增强应用型人才培育成效的落地理念，在原有基础上加大"融合式"创新的实践力度，似乎已经变成了一个"老生常谈"的话题。在这里，不管是"策略"的实施，还是"战略"的施行，都需要对"如何去做"的问题产生足够的重视。如何将创新理念融

入特色化的引领机制构建之中；如何将创造能力的培养融入专业教育的全过程；甚至如何将核心素养的接续提升融入生命个体职业生涯规划的"全生命周期"。以上种种，都属于现实存在且又不得不亟须解决的敏感问题。由此说明，如何有效推进"融合式创新"越发需要被提上研究日程。

### 五、延伸"教练型"文化氛围的营建场域

高绩效教练思维注重"手脚并用"，其核心精髓在于有效地激发"人的潜能"，帮助学员超越"原来的自己"，重新审视自我并提升认知和实践能力。

在这里，高绩效教练不是拘泥于简单说教的"传声筒"，也不做止步于当下现状的"唠叨客"，而是崇奉实战、注重实践且讲求实效的"开创者"与"引路人"。一句话来概括，高绩效教练就是提升觉察力、建立责任感和彰显上好佳的"大先生"和"实践家"。其引导力主要体现在突破内在障碍、释放自我潜能，坚持目标导向、树立自信，构建教练模型、迎解自身难题等几个方面。可以说，教练型文化氛围的营造，就是一个"从自我设限到自我觉察，再到自我实现"的过程。而追求"精益"的本质，恰恰在于想方设法建立自我激励机制，提升学习热情，发挥内在潜能，实现持续性改进，倘若只是停留在"舒适区"，自身对于相对乐观和较为安逸的场域、环境等现状就会沾沾自喜，长久地沉溺于暂时的"优秀"阶段，而无法取得突破性进展，实现"卓越式"成长。

### 六、拓展"体验式"自我认知的辐射层面

想要提高应用型创新人才的综合应用能力，离不开跨学科知识的"有效迁移"和基于既定认知所做的"理实一体"的实践应用，但仅靠此二者产生的作用是微乎其微的。实践证明，以亲身体验强化理论认知，可谓是一个卓见成效的做法。但这和那个极易使人明白的道理一样：想要提升用户体验，自己就得先行体验。如果连你都不满意自己的产品，就别指望市场会给你带来鲜花和掌声（樊登，2019）。同样，如果要把提升"体验式"认知当成一种突破了"自我满足感"的策略在实践中深入探索，便会面临很多需要攻克的难题。首

先，应聚焦于如何"广而告之"地实现单一个体"势单力薄"的体验推介，基于外来的"用户需求"在认知层面上适度拓展。因而，千方百计增强"体验式"认知的辐射影响力，为达成"共识性"认知做好铺垫，就成为时下研究者们不得不面对的较为实际的问题。在这里，如何基于现有基础，将认知进一步加深和扩大，并使其产生接续生效的良好作用，着实是一个需要动一番脑筋去深层次探索的课题。

综上所述，不断拓宽国际化视野已成为深层次研究应用型人才培养的尝试性做法，而力求在应用型创新人才素养提升的实施策略上取得实效，还需要全方位地融合各方需求与未来发展趋势，在相关模式和具体路径上作出进一步的研究，并辅以更多令人信服的实践验证。一个不可忽视的问题是，所有看似完美的策略勾画及其实施，都需要执行中的"见风使舵"和行动上的"循序渐进"，且能够按部就班地实施远景规划，切不可脱离于自身实际，只做画饼充饥式的"隔空对话"。

# 第四节　基于"三领三融"的应用型
# 创新人才培育机制

"机制"一词，其概念本身属于一个"特指"与"泛指"意义兼而有之的综合体。它不仅涉及内部构造的机理、既定程序的运作和相对规则的联系等多种综合原理，也会在组织运行的变化规律方面有所体现。在此就"三领三融"的应用型创新人才培育机制探索展开研究，旨在提供具有一定研究价值的借鉴模式和参照方案。

从总体上来看，此机制的探索锚定了"立德树人"根本任务，发挥了高引领作用，并坚持融合式创新理念，立足打造学院+产业园"院园合一"校企协同育人机制的"升级版"，通过发挥全要素、深融合、广辐射和强实效的综合效用，探索出一套契合于区域经济社会发展需要、有利于应用型创新人才培养的行动方案，进而为实现"科教兴鲁"寻求值得借鉴的适用路径。

其机制探索总体框架如图 1-4 所示。

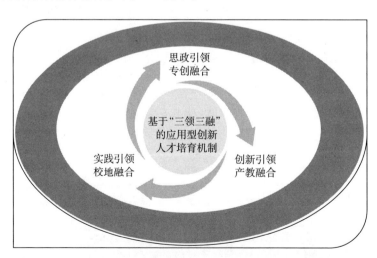

**图 1-4　基于"三领三融"的应用型创新人才培育机制探索总体框架**

## 一、思政引领、专创融合

高效发挥思政引领作用，能够筑牢师生理想信念的根基，深入落实立德树人根本任务，并以专创融合为抓手促进师生同创理念和融合式育人机制的贯彻实施，确保了产学研创等各项工作顺利完成。

（一）主要目标

本书将目标锁定在如何发挥思政引领效用上，基于专创融合的深入推进，构建内涵型长效育人机制。通过实施学生创新素养培育的系统化工程，不断强化专创融合实践抓手，并积极发扬和全力推进以中华优秀传统文化培根育人、以红色文化铸魂育人、以工匠文化实践育人和以创新文化协同育人的"四文化"融合育人特色，以此凝心聚力构建"双师型"教师团队、工作室实践载体、可视化育人平台和科学性评价体系等，最终形成多元主体协同共进的长效育人机制。

（二）基本思路

深化学院+产业园"院园合一"协同育人机制，依托现代产业学院高效能构建人才培养的实践平台。聚合多主体协同培育应用型人才的内生力量，深入挖掘学校、政府、行业和企业等多方资源，合力打造多主体合作共建的联动机制，并以之为依托，理实一体建设应用型创新人才孵化平台，着力增强科技创新、网上创业和文化创意的核心竞争力。

## 二、创新引领、产教融合

创新开拓进取的标志性符号，它基于一定的思维模式建设性地提出突破常规的见识或思路，并能够发挥导向性作用，帮助前行者满足特定的需求、实现自身梦想。创新不拘泥于打造"仪式感"的思维定式，既是一种敢于突破的意识，也是一种精于创造的胆识，在场景、模式、路径等方面都会有所体现。以之为引领，能够延及产教融合、专创融合等实践层面，助力"追梦人"出众、出新和出彩，并获取实际收益。

（一）主要目标

此项探索旨在研究如何更见实效地发挥创新引领作用，基于产教深度融合的需要，不断完善应用型创新人才培养模式。在具体过程中，研究者坚持以创新引领创业和以创业带动就业，落地于科创融教，并构建学业、产业、创业、就业循环衔接的生态圈，进一步形成涵纳创新兴趣、创新意识、创新思维、创新志趣、创新实践能力等全要素、深融合的进阶式与链条式应用型人才培养模式。

（二）基本思路

在思路上，首先，要夯实"专创融合"实践抓手，借助多元化的实践载体，"集群化"打造应用型人才孵化链条。其次，要将创新创业元素深度融入专业人才培养的全过程，发挥出双创智库的统领作用，着力锻造"双师型"教师团队，使产教融合基层组织工作室的载体效用得到最大化发挥。最后，需通过构建模块化课程体系和科学性评价机制等，使应用型人才培养与社会职场的刚性需求接轨，以增强人才培养与市场之间的适应性。

### 三、实践引领、校地融合

"实践出真知"，意指社会实践是规律总结的发源地和知识应用的实践场域。发挥实践引领作用，是尊重世界本原、强化实践功效和注重理实一体的做法。以实践认知作为接续动能激发的"活水源泉"，为深入推进校地融合和深层次地服务于区域经济社会发展，提供了强劲动力。

（一）主要目标

此部分内容研究如何深化实践引领作用，基于校地融合提升"一体化"育人的实践成效。该目标围绕着校地融合的实际需要和青岛市争创"创业型"城市的建设规划，基于真实场景应用、任务性驱动和项目化学习，理实一体推进全面涵盖科技创新、理论创新、管理创新、实践创新等多种类型的创新实践活动，以便熔炼形成引领作用明显、综合成效全面的行动方案。

（二）基本思路

首先要着力强化"科创融教"方式手段，打造现代化产业园区，优质化创建产教融合生态。其次要携手各大科研院所、智慧平台和创新实践载体，实施开放式育人工程，构建优质化服务体系，提高科技成果转化率，实现量和质的良性循环，最终为高效而深入打造产教融合生态圈赋能。

无法否认，任何一种机制的探索和实践都需要一个由浅入深、由表及里的过程，并需要在后续的检验当中不断加以健全和完善。同样，基于"三领三融"的应用型创新人才培育机制相关研究，也存在着浮于表面和浅尝辄止之类的鄙陋现象，需要在实践深化中不断进行复盘和提升。需要说明的是，相关路径的探索会在下一章做出细致解读，在此不再赘述。

总而言之，本节内容主要基于国际化视野下的应用型创新人才素养提升需要，重点围绕"三领三融"的应用型创新人才培育机制，展开了层进式的铺垫和个性化的探索。具体内容关乎源自山东省内地方应用型本科高校及二级学院创新人才培养引领机制建设的调研情况，主要以抽样调查、数据解析等多种方式，为对比性解析国内应用型大学和职业教育在创新人才培养方面的相关经验和具体做法提供了初步的参考。

鉴于应用型创新人才的素养提升和实践技能应用极度需要辅以实证研究作为有效支撑，并为依此开展适用性路径的探索提供更加有力的数据，因而进一步依托现代产业学院建设，研究如何更有效地提升应用型本科高校创新人才培养质量，便自然被重视和融入其中，以此填补实践抓手和依附载体方面的缺漏，并为渐进性形成可复制、可推广的实践经验，提供更具说服力的佐证。

# 第五节　应用型本科高校现代产业
# 学院建设的逻辑机理研究

现代产业学院建设不仅指的是围绕创新目标，由多主体协同发展、多要素融合创新的实践行为，它也为产学研创有效开展和创新人才高质量培养提供了智慧平台与优质模式。

## 一、现代产业学院建设的逻辑起点

技术创新常常是个体智慧的迸发，产业的发展则是人类群体的奇迹（张笑宇，2023）。这个奇迹，得益于关键人物的"统领作用"，得益于各个时空节点的纷争与汇流，当然也得益于世界各个角落推延而来的"磅礴之势"。在各种"偶然"与"必然"的齿轮咬合过程中，"融合共生"与"求同存异"相伴而至，留给世界以更多的"异彩纷呈"。

基于此，一方面，我们为生活在这样一个伟大的时代而深感自豪和荣幸，另一方面也不得不考虑一个更为重要的问题——未来，我们将如何融合并进？

（一）现代产业学院的内核本质

所谓本质，即事物的根本性质，指事物区别于其他事物的内在规定性（许钧和穆雷，2023）。那么，现代产业学院的本质是什么呢？对于这个问题，我们应该从产教融合着手来研究。

1. 产教融合是时代所需

产教融合作为国家推动教育优先发展、人才引领发展、产业创新发展、经济优质发展的战略性举措，现已成为深入扎实推进产教融合协同育人、校地合作创新发展的助推器。2023年12月27日，山东省首届高校产教融合洽谈会在烟台举办，省内外各界人士7000余人参加活动。此次洽谈会围绕"产教融合协同育人，招才引智创新发展"的主题，紧密贯彻国家和全省有关决策部署，

"政、校、行、企、研"五方联动，搭建高层次产教融合交流平台，全面展示山东省、烟台市高等教育、职业教育改革发展成果，共同探究产教融合发展新路径新模式，努力开创人才链、教育链、产业链、创新链融合发展的新局面，为经济社会高质量发展提供强有力的科技支撑和人才保障。参会嘉宾纷纷表示，全省高校应以此为契机，充分发挥高层次人才、高水平平台等办学资源的优势与特色，校企协同创新，并在优质资源共享、创新载体共建等方面精诚合作、同向同行，赋能全省高等教育高质量发展。

2. 产业学院是融合所向

产业学院是工学结合的产物，早期的相关研究以高职院校为主，后随着产教一体化融合发展的需要，逐步演变为现代产业学院。这一新型形态根植于区域产业发展，汇集了政校行企多主体优势资源，聚焦于创新人才培育。无论从哪个层面上来讲，产业学院尤其是现代产业学院的发展，都是牵引力、向心力、创新力、延展力和应用力的"合体"。实践证明，它已成为推动课程内容与技术发展、教学过程与生产过程对接、人才培养与产业需求融合的现实需要，是地方创新人才培养模式、促进产教融合、提高职业教育服务区域经济社会发展的必然选择（叶耀辉等，2024）。

（二）现代产业学院的建设规律

研究现代产业学院的建设规律，首先应从相关理论研究入手。国内研究不一而足。例如，费旭明和冯霞敏（2022）等认为，多数产业学院因在建设过程中运行不畅、合作不深、效率不高等原因，致使尚未形成融合共生的纽带关系，难以成为凝聚力强、辐射性好和紧密度高的高效能组织。邱飞和钱光辉（2022）基于场域理论视角，解析国内现代产业学院建设的主体关系和创新瓶颈，力求构建"链式发展共同体""校企命运共同体""师生创新共同体"，以新理念打造协同育人新模式。陈昕（2023）则从多学科理论视角对产业学院的建设与发展进行综述，聚焦于其建设过程中的现实困境和突破路径，提出一己之见。高向丽和苏晓红（2021）围绕政产学研共建共享，深入分析产业学院建设的内在要求与重要特征，提出"政产学研协同 教学做创融通"的建设模式能够有效地整合影响产业学院建设的内外部因素，双向提升人才培养质量和服务产业行业能力。而李艳娥和肖贻杰（2022）等则运用扎根理论的研究方法，探究企业参与产业学院建设的动因并构建相关模型，得出企业参与产业学院建设是内外因素共同驱动的结果，内在动力源自对人才、技术等的获取，外部动因主要是政策驱动和社会责任感。

国内对于国外产教融合体制机制和相关模式的研究相对稀缺。胡万山（2023）提出，深入推进应用型大学课程建设产教融合，既是破解应用型大学发展瓶颈问题的基本途径，也是回应我国一系列政策文件最新导向的现实要求。世界主要国家在促进应用型大学课程建设产教融合方面已经积累了十分丰富的经验，如德国的"双元制"模式、英国的"三明治"模式、美国的"合作教育"模式、澳大利亚的"新学徒制"模式，都在课程体系设计、课程教学过程、课程建设制度等方面形成了独具特色的产教融合经验。借鉴国外经验，我国应不断优化产教融合视域下的应用型大学课程建设的制度框架，完善课程建设校企合作模式，打造课程建设校企合作共同体，促进应用型大学人才培养过程产教深度融合。肖化移和李凯娟（2023）则主要从政策形成、政策目标、政策主体和政策内容四个维度介绍了英美两国产教融合政策，论述了其教育性和经济性目标，分析了政策中的校政企三主体，以重大措施为切入点剖析了政策中有影响力的重要内容，并对四个维度逐一进行了比较，总结其共性为：政策制定程序完善，具备科学性和透明度；政策目标清晰明确，具备教育性和经济性；构建多元主体参与政策制定协作体系；加强政策内容建设，具备全面性和可执行性。

现简单列举几个国家加以说明。美国作为产教融合模式的源头，其"合作教育"模式融理论知识学习、职场技能培养和实际经验推广为一体，将实训与实践有机结合，使学生习用归为一体，并在工作中"生根发芽"。此模式实现了校企协同培育学生的专业知识和应用技能，并使之融入真实工作环境，获益颇丰，对于未来职业生涯规划大有裨益。德国则实行"双元制"模式，将校企紧密合作，高质量提升学生综合技能，理实一体培育高素质技能型人才。此种模式注重企业以市场需求为导向的自主培训计划制定和有效实施，基于校企双方需求的满足，为社会培养可用之才，口碑极佳。而日本的"产学

官"模式，体现了政府深度参与的特点。其核心在于将校政企三方部门紧密
融合，共谋科技创新与产业发展之道。充分发挥政府的引导和推动作用，切实
促进科研成果的高转化率和实际应用，不断提升研究水平和应用价值，促进企
业技术升级和产学研的深度融合，保障科技先行和产业提质增效。此种模式为
世界多个国家借鉴。英国通过推广灵活机动、独立完整且体系健全的"现代
学徒制"模式，循序渐进培养实际经验丰富且应用技能娴熟的人才。该模式
强调培训课程+员工招募+核心竞争力，既能使学徒在实际工作中掌握技能，
获取工资与福利，又能获得资历证书，极大提升了其创新素养和职场竞争力，
提高了创新力。

　　具体理论特色明显，现将其主要内容简要解读：

　　1. 扎根理论

　　这一理论首次由来自美国哥伦比亚大学的社会学家格拉泽和施特劳斯于
1967 年在《发现扎根理论：质性研究的策略》中提出。该理论属于一种质性
研究方法，注重依据系统化的程序，推举深度访谈质量而非样本数量，提倡以
得来的原始数据为基础进行系统化理论研究，凸显出科学性、严谨性与灵活性
等特点，应用广泛，好评如潮。

　　现代产业学院不是无中生有的虚空概念，它来自教育和生产的实践。现代
产业学院建设不能停留在表面"浅尝辄止"，而是需要在与时俱进中不断革新
模式和拓宽思路。现代产业学院不能做脱离凡尘的"仙界神鹰"，而要成为融
入组织、深接地气的产教融合共同体。现代产业学院当然也不能充当"语言
上的巨人，行动中的矮子"，而是理实一体的"梦想家"和知行合一的"践
行者"。

　　2. 场域理论

　　场域理论是法国思想家布迪厄构建社会分析的基本单元，认为不同的场域
如经济场、教育场、学术场等构成了社会机体，各自有着内在逻辑性和必然
性。场域作为独立空间，结构各异且形式多样，也有着明晰的、力所不及的界
限。其下属的子场域同样具有自身的逻辑、规则和常规，各种力量相互制衡并
协同生效。

鉴于深处场域之中，没有任何一个产业是孤立存在的（刘劲，2023）。自然产教融合也不能搞"单打独斗"，或"恣意剥离"。因而，一定要系统性地看待产业发展与教育特别是高等教育的融合问题。这就要求实践参与者务必做到"去伪存真"和"去粗取精"。如能剔除一切影响整体提高和全局发展的不利因素，相信抵得住"变局的诱惑"而成为经得起考验的"战神"便不成问题。

事实也不止一次证明，现代产业学院建设不能搞"孤岛式"设计，它是教育和生产两大场域的耦合，并涉及校政行企多个场域。可以说，这些"场域"作为其间的主要行动者，对于现代产业学院的建设发挥着极其重要的作用，也制约着产教融合的事业深度和力度。通过改变场域的结构形式，能够高效能发挥场域运作与转变的动力学原则，改善各种特殊力量间的不对称关系，以整合优势资源，调动资本运作，更好地取得制胜先机。

3. 共生理论

共生理论强调共生系统的相互作用，以共生单元为能量生产与交换的基本单位，内外涵纳质参量和象参量两个参数。此理论认为，二者作为共生系统协同进化的原生动力，可在一定条件范围内互生影响并相互作用。

共生理论为解决当前产教"融而不合""融而不深"等问题提供了新的研究视角。目前，国内大多数产业学院建设及运行低迷不振，可谓"校热企冷"。企业方的担当意识淡薄，高校方的革新力度不大，致使产业学院建设的主体地位不明、国家宏观政策协同效力不强等现象多有发生。从强化共生理念、优化共生模式、营造共生环境等方面构建现代产业学院建设机制，有助于摆脱企业参与产业学院建设动能不足、时效不强等困境。

4. 多学科理论

此理论聚焦于社会学、管理学、生物学等多学科，深入分析现代产业学院的阶段性建设及发展规划，以走出现实困境为导向寻求突破路径，并对未来研究趋势和价值取向提出前瞻性认识。

鉴于已有研究多从单一理论着手，而在"跨学科""融合式"等维度上有所缺失，多学科理论倡导用不同的学科思维就现代产业学院开展立体化分析，将其作为多主体参与、多元利益共享的实体组织，探究其运行和发展的复杂性特点，并积极吸纳学科背景多样、实践经历丰富的学者、大家一道参与研究，使不同学科思维的理论渗透性更强，在融合、交叉之间碰撞出新的绚丽的火花，提供更加多元化和高效能的合作平台与研究载体，切实推动现代产业学院的深入研究。

5. 三螺旋理论

根植于生物哲学思想的"三螺旋理论"，描画了基因、组织和环境之间的亲密关系。指出生物体既要适应"生态空间"，又要选择、创造甚至改变生存环境，这种具有辩证关系的技能被写进"基因"且如同三条螺旋互相缠绕、互生因果。该理论后被美国社会学家亨利·埃茨科威兹首先应用于解析政府、产业和大学三类创新主体关系，提出三者间的动态平衡，有助于推动优质资源的集聚与共享，达成螺旋式上升的新型创新关系。

此理论以市场为纽带，以知识的生产和转化为动力，强化大学育人、产业助阵、政府指引"三螺旋"上升关系，强调校政企三方实质性合作、革命性变革和协同驱动作用，使组织边界变得更加具有渗透性和融合性，打破了自身"壁垒"，实现了产业链、政策链和知识链的有机融合与协同创新，延展了三方主体联盟关系，促使校方基于政府主导和政策引领，担当起现代化产业转型升级的重任，并锚定区域性产业链的发展现状，以产业链建专业群、以专业群设二级学院和以二级学院建产业园，形成了"三螺旋"有序联动、政产教畅行无阻的体制机制，为实现人才校企共育机制、师资共培机制、资源共享机制、创业就业共推机制、创新创造协同机制等提供可靠保障。

总的来说，产学合作有助于学校更好地了解企业的需求，为企业提供优秀的人才；同时，也有助于企业了解市场需求和趋势，提高企业的核心竞争力。政府的参与也有助于产业政策的引导和协调，为产业发展提供有力支持（李敏明，2024）。

（三）现代产业学院的路径探索

建设现代产业学院是应用型本科高校深化产教融合和培育高素质人才的凭靠实体和实践抓手，不仅契合于产业发展的实际需要、贴合于学业提升的考量标准，也耦合于创业实践的细化要求（于振邦，2022）。因而，探索现代产业学院建设的路径，需要结合产业发展、学业提升和创业实践等层面着手。

1. 融入"体验的场域"

"真体验"是获得"真知"的最佳途径。在新时代，要实现现代产业学院适用路径的有效探索，需要在"相融相通"上下功夫，这就不得不考虑探寻真实体验场域，营造真实体验场景，以"真实"打动人心，以"真体验"提升实践成效。

2. 踏上"纯真的旅行"

纯真是虚浮的有效"杀手"。建设现代产业学院就好比是踏上一段"纯真之旅"，需要塑造真的自我，营建真的平台、孵化真的团队、创设真的课程、依托真的载体等，当然，它也离不开一切纯真向上的思维方式和行动方案。

3. 打造"行走的课堂"

现代产业学院建设不是一成不变的"照章行事"，而是灵活变通的"有迹可循"；不是不食人间烟火的"真空圈养"，而是在行走中不断实现攀升的"超越自我"。这就需要打造灵动而高效的课堂模式，理实一体地推进"机体革命"，在灵便中塑造"新的自我"。

4. 超越"真实的自我"

任何实体性建设都不能脱离于实际，更不能好高骛远，或是吹毛求疵。理性的做法是，在每一次前进的行程中，都要认清"真实的自己"，并树立起自信心，一往无前地迎战千难万险，在复盘中推陈出新，在奋争中不断超越自我。

以上所述，虽是遵从实际和源于实践的认知体会，却略显抽象和虚空。当然，它在带来更多新问题的同时，也会引发更多新的思考。其中，较为引人注目的是，就应用型本科高校而言，它们所开展的现代产业学院建设，其"逻辑起点"究竟源于何处？无疑，想要解答这一问题，除了要对其内核本质深入探究，还要从其遵循的规律、运用的理论、建设的路径以及追求的价值和涉足的航道等方面寻找答案。

## 二、现代产业学院建设的价值遵循

作为一种新兴的高效能教育模式指引下的实践载体，现代产业学院建设旨在通过产教深度融合、校企紧密合作，培养适应现代产业发展的高素质应用型创新人才。此部分内容，主要包括理论价值、实践价值和社会价值三个方面的解读。

（一）生发的理论价值

（1）创新人才培养模式。现代产业学院敢于突破常规和超越传统的教育教学模式，强调以产业发展需求为导向，以学生能力提升为核心，力求在教育教学方面实现持续性革新，以此提高人才培养的整体质量。

（2）丰富教育理论体系。现代产业学院的建设和发展实现了"多点对接"，产生了"多维效应"，触发了教育学、管理学、心理学、文学、经济学等多个学科领域的新思维，对于丰富和完善教育理论体系大有裨益。

（3）促进学科交叉融合。现代产业学院建设以融合式发展为实践动能，通过有效整合校内外优质资源，积极推动学科交叉融合，促进了学科专业融通，提高了学术研究水平，为产业创新发展提供了理论支持。

（二）具备的实践价值

（1）提高学生动手实践能力。现代产业学院建设摒弃了"孤岛式"设计，崇尚携手并进和协同发展。它通过融入产业链和打造专业群，强化了产教融合与校企合作，为学生提供了丰富的实习实训、创新创业等实践机会，为提高其实际操作能力和创新能力提供了平台和机会。

（2）促进教师实践能力提升。现代产业学院建设不搞"无人驾驶"和"单向循环"。它鼓励教师积极参与企业项目研发、技术培训等一系列需要人的参与的活动，在整体上切实提高了教师的实践能力和教育教学水平。

（3）推动科技成果高效转化。现代产业学院建设背离一切"原地踏步"的行为，通过强化校企合作，提高科技成果转化率，为拉紧产业链、增强行业向心力提供新的技术支持，更好地助力于产业创新发展和企业转型升级。

（三）凸显的社会价值

（1）满足产业发展需求。现代产业学院建设坚持与时俱进，又能"因时而动"，紧密贴合了产业发展的实际需求，能够锚定高素质应用型人才培养目标，灵活施策并适时配置技术方案，为产业发展提供坚实的人才保障和强大的智力支持。

（2）促进教育公平公正。现代产业学院建设倡导"一视同仁"和"机会平等"。它通过深化校企合作，着力提高教育资源的利用效率，为更多学生提供优质化平台和充分的教育机会，有助于实现教育的公平公正，为打造教育品牌树立了良好的口碑。

（3）助力区域经济发展。现代产业学院建设需要融入区域经济社会发展的"大环境"，在"以小见大"中谋全局，在"校地融合"中求进步。这就需要它紧密结合区域经济发展需求，培养适应地方产业发展的人才，为促进区域经济社会发展培育高素质人才。

（4）推动社会机体进步。现代产业学院是社会发展的产物，作为产教融合的"萌宠"，它需要培育的是具有创新精神、实践能力和高度社会责任感的优质化、创新型人才，以便更好地为我国社会进步和中国式现代化建设贡献力量。

综上所述，现代产业学院的价值遵循主要体现在理论价值、实践价值和社会价值三个方面。它们被融入创新发展模式、提高人才培养质量、服务产业发展和促进社会进步等实效发挥的全过程，也在多个层面体现出现代产业学院建设在我国教育改革和促进产业发展过程中的非凡地位和积极作用。

### 三、现代产业学院建设的航道引领

作为当前我国高等教育领域的重要举措，现代产业学院建设旨在深化产教融合，推动教育链、人才链与产业链、创新链的有机衔接。现从夯实"已知"的根基、升华"新知"的内存和探索"未知"的视界三个方面，对相关"引领性"航道进行详细表述。

（一）夯实"已知"的根基

其一，明确产业学院定位。即，现代产业学院要紧密围绕当下产业发展需求，以高素质应用型人才培养为核心，以产学研创链条打造为途径，实现教育、产业、科研的有机融合。其二，完善课程体系建设。即，构建以产业需求为导向的课程体系，强化理论+实践一体化教学，将产业发展前沿技术、创新成果实践应用融入课程内容，提高课程的实用性，并增强其前瞻性。其三，加强师资队伍建设。即，引进产业界优秀人才，丰富教师的产业背景和实践指导能力，打造一支学术能力高强、实践经验丰富的"双师型"教师队伍。其四，推进校企紧密合作。即，与企业建立深入而广泛的合作关系，共建产业园区、实验室、研发中心、实训基地等实践平台，实现资源共享、优势互补、成果共用和经验互通，为学生提供实习实训和就业创业机会。

（二）升华"新知"的内存

其一，创新人才培养模式。即，坚持以学生为中心，实施个性化、差异化培养，鼓励学生跨学科、跨专业学习，培养具备创新精神和国际视野的高素质复合型人才。其二，强化科研创新能力。即，鼓励教师和学生共同参与产业技术创新，组建团队申报科研、教研项目，理实一体开展产学研合作，提升现代产业学院的整体科研水平和社会服务能力。其三，拓宽国际交流与合作航道。即，深化与国际知名院校、链主企业的合作关系，引进国际品牌、优质资源，面向全球化中高端产业和教育行业，开展互访交流、研学实践等项目，提升与世界联通的国际知名度和深远影响力。其四，建立创新创业生态系统。即，优化创新创业资源，搭建赛教一体化平台，多形式开展双创实践活动，激发学生参与创新创业活动的热情，培育一批市场前景光明、落地效果良好的创新创业项目。

（三）探索"未知"的视界

视界，指的是事件能够被观察到的"时空界面"。对此，现代产业学院建设不做故步自封的"停留"，却会在紧跟形势、迎赶趋势和把握优势上"拼尽全力"。其一，融入产业发展趋势，畅达技术革新通道。即，密切关注产业发展动态，预测未来技术变革方向，培养稀缺紧缺人才，满足现代产业学院综合发展需求。其二，探索新兴交叉学科，增强产业发展动力。即，加强与多学科的融汇交叉，瞄准新兴学科大胆尝试，为产业快速发展补给创新动力。其三，深化教育教学改革，提升人才培养质量。即，运用人工智能、数字化平台等现代教育技术手段，推进教育教学方法改革，提高应用型创新人才培养质量。其四，培养学生自主学习能力。即，积极引导学生主动探索未知领域，增强其"活到老、学到老、干到老"的终身学习意识，做一个对社会有用的人。

一句话，现代产业学院建设要敢于立足"已知"，不断升华"新知"，并勇于探索"未知"，切实培养适应产业发展的高素质应用型人才，为我国经济社会发展和产业转型升级贡献力量。

# 第六节　应用型本科高校现代产业
## 学院建设的外部环境

优越的外部环境为应用型本科高校现代产业学院建设创建了强劲有力的实践场域和创新氛围，基于全球背景、中国力量、区域特色，成就非凡人才的哺育、孵化和进阶，现仅从这三个方面对其详加解读。

**一、现代产业学院建设的全球背景**

时下，现代产业学院建设已成为不可逆转的全球化趋势。随着技术快速更新和产业飞速变革，这一趋势更为明显。在全球范围内，以大数据、人工智能、物联网和区块链等创新技术为引领的科技革命和产业变革正在重塑全球经济结构，催生出诸多新行业、新职业与新业态。这些变化对高等教育的发展提出了更新要求，导致传统的教育模式根本无法满足社会发展对于技术型产业化人才的海量需求，从而将现代产业学院建设推向新的高度。

**二、现代产业学院建设的中国力量**

在中国，现代产业学院建设备受重视。教育部办公厅、工业和信息化部办公厅在 2020 年 7 月就联合印发了《现代产业学院建设指南（试行）》，旨在通过建设现代产业学院来培养适应和引领现代产业发展的高素质应用型、复合型与创新型人才。历经四年之久，现已基本建成产教深度融合且能有效推动高校分类发展和特色发展的"现代产业学院"。现代产业学院不仅具有人才培养、科学研究和技术创新的功能，也在企业服务、学生创业等方面"出奇招""有妙用"，正在为高等教育资源共用和产业集群联动发展搭建坚实桥梁，成为内蓄动力和催生活力的不可小觑的力量。

### 三、现代产业学院建设的区域特色

具体到区域特色方面，现代产业学院建设一以贯之的，是与地方经济社会发展的紧密结合。特别是一些地区瞄准实际需求，深挖产业特色，建设了一批区域特色明显、实践成果丰厚的现代产业学院。它们不仅关注人才培养和成果孵化，还着重于技术创新、产业链接与专业建设，助力于地方产业转型升级，满足了经济社会发展需求。通过以上方式，现代产业学院能够有效地衔接产业链、创新链和教育链，为促进区域产业发展和经济社会进步提供了强大的支持。

综上所述，现代产业学院是在全球技术革命和产业变革的背景下，为适应新的机体建设和满足社会需求"应运而生"的。中国作为东方腾飞的巨龙，无疑在这一领域发展尤为突出，不仅树立了涵养风范，而且强调了产教融合，还凸显了区域特色、融入了创新生态，以此培养能够适应全球背景和引领现代产业发展的高素质应用型创新人才。

# 第七节 应用型本科高校现代产业
# 学院建设的内生动能

现代产业学院是当前我国高等教育改革的有力抓手和重要方向，目的在于通过深化产教融合、强化校企合作等方式，培养符合社会发展、满足产业需求的高素质应用型人才。具体而言，应用型本科高校现代产业学院建设的内生动能，可以从以下几个方面详尽陈述。

## 一、现代产业学院建设的青岛范儿

青岛作为我国重要的经济、文化、科技中心，具有丰富的产业资源和完善的基础设施。在现代产业学院建设中，青岛的高校可以充分发挥地缘优势，加强与当地企业的合作，共同开展人才培养、科技创新、产业服务等领域的合作。同时，青岛的高校还可以借助青岛的国际影响力，吸引国外优质教育资源，推动现代产业学院的国际化发展。此外，青岛的高校还可以依托青岛的海洋科技、高新技术等产业发展优势，打造具有地域特色的现代产业学院，为青岛乃至全国的经济社会发展提供有力的人才支撑。

## 二、现代产业学院建设的黄海特色

作为我国重要的经济发展区域，黄海地区以丰裕的自然资源和人文资源而著称。在现代产业学院建设中，此区域内的高等院校可以结合本地产业发展的实际需求，加强产教融合和校企合作，培养特色化产业人才。本地区域包括青岛黄海学院在内的应用型本科高校，可以围绕经略海洋、文旅融合等领域方向，与产业联姻，与行业联动，与企业共同开展人才培养、科技创新、产业服务等合作，推动黄海区域经济社会发展。此外，还可以借助地域优势，加强与日韩以及欧美国家的教育交流与长期合作，推动现代产业学院朝向国际化发展。

### 三、现代产业学院建设的坚实初心

其初心，包含"产业发展需求""高素质应用型人才培养"等关键词。在现代产业学院建设过程中，应用型本科高校当以服务国家战略和区域经济社会发展为宗旨，紧密结合产业发展需求，优化学科专业设置、打造优质课程体系、强化实践教学内容等，以此提高人才培养质量。同时，此类高校还应加强与企业的深入合作，推进产学研创"一体化工程"建设，实现人才培养与产业发展的无缝对接。此外，应用型高校还应关注学生的全面发展，强化实践教学、创新创业教育等，以此增强学生的创新意识，提升其创新创造能力，并将创业精神融入终身教育，为学生的未来发展奠定坚实基础。

简言之，应用型本科高校现代产业学院建设的内生动能，既有源于青岛这座海滨城市所蕴藏的地域优势，也有青岛黄海学院这所应用型本科高校所具备的特色资源，当然也不可脱离融合式育人机制服务于国家战略和区域经济社会发展的初心与使命。通过充分发挥这些内生动能，现代产业学院才能"内发力而外联动"，大展融合协同之美好姿态，为我国高等教育改革和产业发展作出积极贡献。

# 第八节　应用型本科高校现代产业
## 学院建设的增效合力

如果说"挖潜力"是应用型本科高校现代产业学院建设的单向性努力，"提成效"则成为其攻坚克难、创新发展的实际目的。二者之间，便是"增效合力"这一桥梁在发挥着"中坚支撑"和"聚势成事"的作用。其具体匹配的内容，主要包括以下几个方面：

### 一、基于产教融合的高远格局

现代产业学院建设以深化产教融合为核心内容，从定位于"应用型"的层面来看，其高远格局在以下几个方面体现得较为突出：首先是融入产业发展，即现代产业学院应紧密围绕产业链、创新链进行合理布局，将产业发展需求与人才培养紧密结合，实现教育与产业的协同发展。其次是实现跨界合作，即打破传统的学科界限，推动多学科交叉融合，形成以产业需求为导向的专业集群，提升人才培养的针对性和有效性。最后是拥有国际视野，即现代产业学院建设瞄准全球化，倡导加强国际交流与合作，通过引进国外优质教育资源，培养具有国际竞争力的高素质应用型创新人才。

### 二、基于专创融合的小众集群

此处的专创融合指的是专业教育与创新创业教育相结合，要培养具备创新精神和创业能力的应用型创新人才，现代产业学院应关注以下三个方面：在创新创业课程体系方面，要构建涵盖创新思维、创业实践、项目管理等方面的课程体系，培养学生的创新精神和创业能力。在实践平台建设方面，应搭建产学研创一体化、高效能实践平台，为学生提供丰富的创新创业机会，助力其将创意转化为实战经验或实际成果。在师资队伍建设方面，需引进具有丰富创新创业经验的教师，或聘用具有实战经验的行业专家、企业导师等，加强"双师型"教师队伍建设，为学生提供更加专业性的指导。

### 三、基于思创融合的学思践悟

思创融合，强调的是"深寓思想内涵"和将思考与创新有机结合。要做到这一点，现代产业学院应主要关注以下几个方面：首先是在思政教育方面，要将思政教育与专业教育相融相通，培养学生的社会责任感和使命感，帮助其树立正确的世界观、人生观、价值观。其次是在创新能力培养方面，要通过项目式教学、案例式教学、启发式教学等多种方式，有效激发学生的创新思维，提升其创新能力，并将"学以致用"思想贯彻到底，鼓励学生以昂扬姿态融入产业发展、参与行业创新和推动企业革新，占领职场制高点。最后是在实践教育方面，需要加强实践教学，让学生在实践中不断提升认知体验、丰富内心感悟，培养独立解决实际问题的能力。

### 四、基于校地融合的产学研创

此处的校地融合，主要是指高校与地方政府、区域企业和科研院所等实体单位或相关机构的融合并进，其目的是共同推进产学研创一体化发展。对于现代产业学院建设而言，应着重关注以下几个方面：政产学研合作方面，加强与地方政府、企业、科研机构等的合作与交流，广铺渠道，多主体协同开展人才培养、科技创新、社会服务等实践活动。区域产业发展方面，紧密结合区域产业发展需求，培养适应地方经济社会发展的高素质应用型人才。共建共享方面，与地方政府、企业共同建设实验实训基地、产业技术创新平台等，实现优势资源共享、高效师资共用和核心成果共研，以助力产业发展、学术进步和科技创新。

概括而言，现代产业学院建设应围绕"增效合力"这一主题，充分发挥产教融合、专创融合、思创融合、校地融合的综合优势，培养具有创新精神和创业能力的高素质应用型人才，为我国产业发展提供有力支撑，为实现中国式现代化增效提能。

# 第二章

## 产教融合视域下基于"三领三融"的
## 应用型创新人才培育机制构建实践

"培养创新型人才是教育体制改革的重要任务"（郑新立，2021）。要顺利完成这一任务，关键是要在实践上有所突破，不仅做到紧密贴合现实情况，更需有力地凸显出各自特色和实践成效，形成极具说服力和较好影响力的参照模式与实际做法。然而，摆在眼前的事实往往很难尽如人意，在具体的实践过程中依然存在不少诸如低效、刻板、虚浮等"梗阻"问题。其间，较为突出的，多集中在所育人才和社会职场、岗位技能实际需求之间的匹配度不强上。实践证明，应用型创新人才培育机制的构建，不能仅凭创新思维"硬性地植入"实现，更不能单纯借力于"浮夸的倚仗"来完成。

如果这一点与融合式机制构建和国际化人才培养相结合，将体现得更为明显。不少研究也表明，改革开放至今，我国创新效益不明显的掣肘就是人才不足尤其是国际高水准人才严重匮乏的问题（黄婷等，2021）。因而，在此背景之下，基于"三领三融"的应用型创新人才培育机制构建研究，便具有了较大的探索空间和一定的实践价值。现结合实际和特色化实践，对其进行解读。

# 第一节　实施学业＋产业＋创业
# "三业融合"育人战略

在此首先需要强调的是，基于"三领三融"的应用型创新人才培育机制构建，是一个从战略引领到模式设计、从策略实施到路径拓展的全方位、一体化和生态型的理论建构和实践过程。在此过程中，高屋建瓴的战略引领必不可少。基于产教融合、专创融合和校地融合的实际需要，实现学业、产业和创业三者的有机融合，紧密迎合全球范围内倡导创新创业教育的新潮，也通过实施"三业融合"育人战略，培养了一大批"敢闯会创"的应用型人才。但创新人才的培养还需要思维方式、创新意识和创造精神的融入，并辅以案例支撑，在此对其一并介绍。

## 一、深耕"学思并重"沃土

将学习能力和思考能力同等视之，是孔子所提倡的教育观点之一。而在知识经济时代，学习与思考更是不能偏废，二者作为修身养德、实践认知的基本环节，不只是体现了《论语》中那句"学而不思则罔，思而不学则殆"。言明的学思间相辅相成关系，更大的价值在于见习者务必要厚积薄发，在深入实践中不断凝练沉思，并检验"新知"。因为只有如此，才能更有利于形成个性化的理论认知体系。说到底，学与思，无论偏重哪一个，研习者都不能超越"原来的自我"，而只会"原地踏步走"。因而，从长远视角来看，唯有深耕"学思并重"的沃土，才更有可能用"心智"成就"心志"和以"心知"催生"新知"。

## 二、推进"产教融合"深度

"融合式"机制作为一种打破了常规、超越了界限的创新思维，其构建和实施能够为高质量培育应用型创新人才提供有效保障。而产教深度融合，既可以算作能够有效激发学生创新力、创造力的一种除旧布新的思维方式，又可以被看成便于谋划专产相接、促进校企协同的格局高远的教育模式探索。在信息化社会，它更被赋予了新的功能界定和价值解读。探求有效促成产教深度融合的模式和方法，与研究增强校企紧密合作综合实效的突破航道和适用路径一样，都是对实施学业+产业+创业"三业融合"育人战略的接续深化和进一步补充，也成为新时代更具开拓性且极具挑战性和紧迫性的研究课题。

### 三、提升"敢闯会创"素养

敢闯会创，才能绽放青春梦想。实际上，"敢闯会创"不仅仅是一种实践行为要求，或是一种能力考量标准，对于它更贴切的表达，其实应该是一种综合素养内核的精准提炼。从战略的角度来讲，想要提升受教者"敢闯会创"的素养，应用型高校不仅要"赛教一体"地创造以赛促学、以赛促教和以赛促创的环境氛围，更为重要的是要将创新意识增强和创造能力提高纳入专业教育的全过程，通过高效机制引领、优质平台助力、高效团队援助和实践项目驱动等，使各个学科有效交叉融合、师生同创能力整体提升和优势资源同步共享，最终提高学生的知识迁移能力，助力应用型创新人才培养。

2021年12月，本书研究组曾撰写申报《实施"三业融合"育人战略，培养"敢闯会创"应用型人才》案例，成功入选由教育部学校规划建设发展中心主办的教育部第八届产教融合发展战略国际论坛（IFIE）"四个一"线上巡展活动。参展案例紧扣该论坛"新阶段，新征程——以新理念构建高质量发展新格局"主题，凸显了应用型高校为助推区域经济社会发展，锚定"敢闯会创"应用型人才培养目标，实施学业+产业+创业"三业融合"育人战略，推进应用型创新人才培养实践的特色成效。案例不仅体现出"以链建群""以群建院""以院建园""以'学院+产业园'融合机制"共建工作室载体及产业学院发展路径的实践探索，而且验证了"融合式"构建应用型人才培养体系、"接续性"增强应用型人才培养实效、"集群化"落地应用型人才培养机制和"内涵型"提升应用型人才培养质量"顶层设计"的正确性，为广视角、大范围、高效能发挥学业汇智、产业聚能和创业助行的辐射作用提供了有效借鉴。

综上而论,实施"三业融合"育人战略,绝对不是一种拘泥于单一环节和理论认知的简化过程,而是一个彰显了"知行合一"理念且需要理实一体落地的协同式、系统化做法。其精神内核要散发出耀眼光芒,需要践行者不断伸展开创新思维的触角,建立"融合式"模型,并坚持学思并重,落地产教深度融合,不断提升敢闯会创综合素养。这无疑需要一个漫长但不复杂的过程,且需要在更为丰富和多元的实效验证中不断得到推进和强化。

# 第二节　创建思维+模式+应用
# "理实一体"孵化模型

对于模型，它不仅指的是样式和模式，也包括在打造样式、构建模式甚至搭建范式过程中用到的工具、方法和体现的框架思维等。从这个角度上来看，模型设计对于构建以承认客观实际为前提、以协调局部关系为路径和以有力凸显实践价值为目的的运行机制，意义重大。那么在此过程中，如何才能突破局限性、体现创新性和做到高效性呢？基于一定理论研究的实践探索，研究者们发现坚持理论联系实际，"一体化"创建思维+模式+应用的设计模型，是一个可取也可行的做法。现结合案例对其加以解读。

## 一、基于创新思维构建人才培养模式

任何有效的引领机制，其成功构建和作用的长效发挥，都不可脱离于实践。因而坚持一切从实际出发，对于发挥相关机制的"理实一体"作用尤为重要。而在具体的实践过程中，不突破旧思维的束缚，创新根本不可能有其立足之地，因为在定型化思维里打转，天才也难走出死胡同（戴维斯，2020）。无数事实也证明，勇于"破旧"，才能更好地"立新"。身处一个拼思维模式的时代，探索者要在人才培养的实践当中取得突破性进展，唯有重视个体差异、摆脱固有习惯，绞尽脑汁寻求超前而上乘的思维方式，并尽力拥有"无可替代"的优势。在此，不可避免地要提及思维和思维方式这两个概念。

### （一）思维和思维方式解读

客观地讲，作为一种高级认知行为的"思维"，以感知为基础，且囊括了人类依附于一定的知识积累和实践经验，不仅具有用聪慧头脑进行逻辑推理的属性，也需要基于一定的认知体验逐步获得高层次能力，并通过复杂信息与实践经验的有机融合，高效实现心智磨砺活动。它主要包括形象思维、逻辑思维、顿悟思维、辩证思维、批判性思维等近30种形式，在如今更被赋予了许多新颖而超前的说法，比如将"时间商"植入生命思维体系中的"时间思维"，通过冲破复杂现象直抵本质获得稀缺能力和跨越式成长的"深度思维"，冲破纷繁芜杂的世界寻求贴合内心且能将真实再现的"底层思维"，通过万物互联、精简概括去追根溯源和探寻本质的"起点思维"，以及可让产业链接续发挥孵化效用并引爆新需求的"流量思维"，等等。而思维方式，则指的是人们看待事物的角度、方式及方法，它决定着人们的言行，且会因为国籍、学识、文化背景等的不同而产生差异。一种思维方式的完善与否，要根据科学思维、价值思维和应变思维的决定作用加以分析和断定。人们之所以比较重视思维能力的研究，原因之一就在于"思维局限决定决策能力"（赫尔曼·谢勒，2022）。

（二）创新和创新思维概念

由于创新和创新思维的概念也是涵纳思维方式中的驱动元素，因而在此也对二者进行粗略解读。简言之，创新是更新、创造和改变的"合体"，它需要一个从理论到实践再到理论的循环往复过程。而创新思维，则是基于问题导向和多元化需求，通过新颖而独创的思维方式或者路径、方法，为解决或复杂或简单问题而寻求的非常规化认知和实践过程。创新思维重在"非常道"的视角捕获、方案制定和方法应用。如何基于现实条件实现二者的新突破，是研究者们在应用型创新人才培养过程中务必要引起重视的问题。

（三）创新人才的培养模式

如前文所述，"三领三融"的应用型创新人才培养机制，凸显的核心是"思政引领、专创融合""创新引领、产教融合""实践引领、校地融合"这三部分内容。这种"融合式"特色较为明显的机制探索，遵从了"理实一体"原则，将创新思维融入人才培养的全过程，构建了一种接地气、能创新和可复制的高效模式。

基于此，构建和完善创新人才培养模式，就需要明晰"机制"本身区别于"体制"的系统化、关联性特点，着力探索具有普遍意义的事物内部运行机制和关键元素之间的相互依存关系，全力捕获对于过程性影响较大和较多的因子与环节。

## 二、基于育人模式优化教育生态环境

作为架接在理论和实践之间的一道桥梁，"模式"是实践主体在参与科学实验、促进经济发展和谋划企业盈利规划等过程中所采取的一般方式，可谓形式多样，不一而足。模式本身具有很多特点，比如够简洁、可重复、有结构和较稳定等，且有着强烈的可操作性。但它在运用中必须和实际情况"对号入座"，对于特殊问题除了需要做好高于一般性的有效衔接，还要注意"因时而动"，适时调整关键元素与组成结构。

（一）构建应用型人才培养模式

应用型人才培养模式，是基于特定的人才培养目标和培养体系的参照样式和践行样态。应用型高校在明确办学定位的同时，也需要构建特色化明显、实效性较强的人才培养模式，并在人才评价、质量保障、体系完善等机制方面不断探索。在此过程中，科学的定位必不可少，分类性指导需要深入，而多元化发展务必要慎重考虑，至于特色办学，则显得尤为重要。以上这些紧扣融合式、一体化等实践模式的思路，对于服务区域经济社会发展发挥了较大作用。

（二）优化协同式教育生态环境

协同式教育原本为家庭、学校和社会三大教育系统要素自然关联、有机融合并产生协同效应的教育现象，在新时代被赋予了更多的社会化特点。其中，被提及较多的是校企协同育人。这一概念既是多种现象的组合，也是引领机制的有机融合。要构建和完善应用型人才培养模式，就要不断优化协同式教育的生态环境，依此可以形成多主体协同构建且持续性效果良好的人才培育机制，更加长效地发挥辐射引领作用。实践证明，构建校政行企四方聚合联动的协同育人机制，在培育应用型创新人才生长土壤和创设有利于其全方位发展的环境上，作用明显。

## 三、基于教育环境推动融合机制升级

环境作为一种集合性的概念，指的是人类为营建生存空间所汇聚的能够产生直接或间接影响作用的多种因素总和。它在属性上囊括了自然环境和人文环境两种。其他包括心理环境、教育环境、生长环境等在内的各种环境，都成为其可拓展较为丰富的衍生品。环境本身既有着基于一定社会现实的纷繁芜杂的特点，又蓄积着超然物外的抽象影响之力。

教育环境当然有其自身特定的内涵，其好与坏更是取决于教育本身能否为受教者带来穿心透骨的影响，也会对个人兴趣的维持和发展、价值观的形成和健全，产生多方面、深层次的影响。创建思维+模式+应用"理实一体"孵化模型，是想要为受教人员营造更加优越和实用的教育环境，通过有形的架构设计、有效的实践模式和有用的行动方案等，进一步使文化渗透作用得到淋漓尽致的发挥，以便为融合式机制的深度构建创造"更上一层楼"的条件，促进其实现升级换代。

（一）强化内涵型文化环境渗透作用

培养应用型创新人才，不仅不能忽视文化内涵的渗透作用，更要将其不断推及延展到实践层面，帮助参与主体形成以深内涵提升质量、以高质量促进创新的良好意识和生活习惯。强化内涵建设并有效发挥其渗透作用是坚持科学发展观和实现可持续发展的明智之举，是支撑一种机制接续发挥有效作用的内生力量，不能是虚空浮夸的"纸上谈兵"，或是缺失通透润爽的文化氛围滋养。

（二）促进融合式人才培育机制升级

融合式人才培育机制是构建高质量人才培养体系和提升应用型创新人才培养质量的实践探索，既能够将思政教育融入产教融合的各个环节，又可在专创融合课程建设、内外资源共建共享和人才孵化环境打造等方面，实现"大一统"，发挥正向引导、科学推进和全面评价的作用，以便形成契合于区域经济社会发展和人才自身发展多种需求的创新机制，切实提高个人或团队的整体"攻关"和独立"解难"的能力。因而，从这个意义上来看，所有实践者都应该勇于发现问题并敢于纠错，瞄准"真问题"，适时进行"真融合"和高效推进"真研究"，最终克服"真困难"，找到"真路径"且发挥出"真实效"。

### 四、基于融合机制促成孵化模型创建

通过汇聚各方力量构建而成的融合机制，在表面上看起来近乎是一个较为抽象和略显粗放的链接式"拼图"或者旋转式"陀螺"。但实际上，这个机制是需要多个能够凸显融合效用和实践价值的模型设计的支撑和助力才能顺利完成的。比如，巴菲特的"好搭档"查理·芒格提及的多元思维模型，就如同人们手中的利器，为他们做出正确的决策提供了一臂之力。倘若只凭借单一的、固化的思维模式，便很难解决生活中错综复杂的实际问题。下文将对其中的主要模型进行说明。

（一）"协同共生"模型

协同共生，作为一种为提质增效而在内外协同、上下联动过程中寻求实现整体最优价值和促进成长进化的动态实践，形成的是不脱离于实际、不孤立于群体、不盲从于实战的融合式指导理念和创新型思维方式，在实现多方共赢和人才培育中发挥出一系列连锁反应和生态效应。可以说，协同共生体现的是一种汇集了场景认知、实践应用、绩效评价、方案完善等多种因素的协同创新机制，以及在其指引下铺展开来的知识架构和强力打造的实践载体。

（二）"学思赛孵"模型

这一源自教学实践且较为贴合实际需求的孵化模型，基于学思赛孵的"四位一体"设计思路，连通了体验式认知、批判性思维、创造力提升、"赛教一体"推进和项目式孵化等多个层面。它深深扎根于课堂教学和实践应用，力求提升学生将所学知识和思考所得，深度融入并应用于包括中国国际"互联网+"大学生创新创业大赛、专业知识技能应用大赛等在内的赛事全过程，不仅体现了教学做合一思想，也凸显出赛创孵的综合成效。此种模型设计不可脱离于融合机制的统领和助推，倘若只是硬性地结合，或者死板地去融入，只会停留于"融合式"设计思路的表面，徒劳而无功。

（三）"产教融合"模型

"产教融合"模型，宽泛地讲，它指的是融汇了产业发展、教学实践、人才培养和科学研究等关键要素的校企"一体化"紧密合作机制下那些特色化

建设载体和相关实践模式。这种模型设计的难点，在于如何将凸显各自特色，使之发挥出综合实效，并落脚到真实环境的实践应用。如果只是一味地拾人牙慧，不做半点的灵活变通，而忽视了与区域特征、自身实际的紧密贴合，这种融合势必会变成一种"空头支票"似的虚浮性"画饼充饥"行为，毫无实际作用可言。国内对于这种模型的应用，大多是将产业聚能与教育维度二者深度融合，实现学校、企业和行业"三方"的紧密合作，并适时跟进产业变革的新趋势，有效增强专业集群的渗透力，在合力提升人才培养质量上做足功课。实践证明，建设现代产业学院能够发挥出较好的创新引领和实效推进作用，对于深入推进"产教融合"模型，可谓大有裨益。

研究发现，作为推动产教融合新型模式和实践载体的现代产业学院，就好比是一个浴缸。其中蓄水的"存量"，看起来是一个固定不变的数据，却也可能转化为适时可动的"变量"。站在静态的视角来看，倘若选取一个固定的时段，观察者完全能够掌控浴缸里水的具体存量。但如果只是以动态触感分析，流入浴缸或从中输送出来的水，其流量着实都是"有限的"。显然，在正常的情况下，当我们抓取到一个相对静止的时间点，浴缸里所盛水的"存量"才会实际起到主导作用，而实非"流进"或"输出"水量的多少。在这里，如何实现存量和流量的高效疏通与融合，才是问题的关键之所在。因而，"产教融合"完全可以发挥并乘借"浴缸模型"的这种物理效力，通过多方共建模型，落脚于育人本质。锚定人才培养目标，发挥学科专业优势，双向配备高强师资，着力优化实践平台，"一体化"推进混合型办学实体组织的"融合式"创新发展，能够使现代产业学院独特而充满现代感的建设方案、相对完善的治理结构、充满多样化的教学方式及育人目标等，逐一落地而变为现实存在。

总而言之，"理实一体"作为将理论教学和实践应用"一体化"融合并规整的执行理念与实践模式，不仅在一定程度上能够有效消除单纯理论与僵硬实践"相脱节"的不良现象，在实践环节上更为推崇集中且又深入的实践应用，也着重强调了发挥"学生主体参与、教师导航指路"的实践价值，基于特设场景、匹配情境，为达成既定目标而运用新思维、使用新方法和推广新模式，以便更好地发挥全过程构建、全要素融入和全方位普及等高素质应用型创新人才培养及技能提升的"三全"育人功效。可以说，构建"理实一体"孵化模型的实践思路，其意义不单单在于创建了思维+模式+应用的"可视化"模型，更在于改变思维方式、丰富教学内容、强化实践环节和深化环境影响等诸多方面，产生了交替性开展、交融式提升、交换式循环等多重功效，着实成为一种既有趣又有效的突破性探索和趣味性实践。

# 第三节　培养创新+创业+创意
## "专创融合"卓越人才

应用型创新人才需要具备的"卓越"品质，体现在多个方面，比如扎实的专业知识、灵活的变通能力和良好的合作能力等。但是，此类人才的培养，首先需在创新意识和创造能力上有所突破。实践证明，要在这两个方面破旧立新并提质升级，根本之处在于如何将意识增强和能力提升切实而有效地融入专业人才培养的全过程，并真正建立起人文素养、专业品质、实践技能、孵化链条等核心元素融汇交融、融合晋升的畅通机制，进而使创新有道、创业有为和创意有效。

### 一、增强创新意识，孵化创新成果

在应用型创新人才培养的过程中，创新意识的增强需要一个潜移默化的过程，也离不开一定"时机"的激发，并在成果突破上取得进展。实践证明，特定时期的应试需要、某个节点的参赛需求和长期推进的"创孵一体"等，都能够为增强创新意识创造"良机"。然而，如果没有极具说服力的成果做支撑，所有的理论说教和实践行为都似乎是"苍白无力"的。因而，将创新意识的增强落脚在创新成果的孵化上，极具探讨价值和实用价值，理应大力提倡和深入落地。

### 二、执行质量标准，落地创业实践

在新时代，应用型创新人才培养也应锁定"创业实践"这一关键词。尤其是基于既定质量标准和适度质量把控的实践活动，需要在结构设计、规模控制、方法检验等技术层面，结合实践探索的需要，进行"高水准"的设置和"见成效"的实施。

执行质量标准使高效能落地创业实践成为可能。一方面，它可以在一个实非真空的环境下有条不紊地开展创新创业实践活动，全流程、高效能地完成各个环节的推进和核心板块的创设，并且"一对一"地做到了"依标准而行"和"按规律办事"，从而使各项实践活动开展得以"循章法而动"，并在循序渐进中逐步提质增效。

### 三、培养创意思维，提升职业素养

这种思维形式，也经常被称作"创造性思维"。倘若单单从概念上对其进行解读，洞察世间万物的本质属性，并概括其内在联系，使之直接或间接地反映客观事物的真实面貌，以此提升人们对于问题的认知能力，并通过新颖而独特的形式生成不一样的思维成果，即"创意思维"。由此不难看出，创意思维强调的是通过捕捉事物之间的内在联系，以"新认知力"创造出"新思维成果"。因而，将这种能力纳入职业素养体系架构中，并为其提供土壤、光照和其他有利条件，使之"茁壮成长""发光发热"，便成为一种极具实践价值的有益探索。

就如同福耀玻璃工业集团股份有限公司创始人、董事长曹德旺先生所说的那样，中国的学生存在的问题主要是在沟通能力、团队精神、动手能力、创新能力四个方面的不足。专创融合属于畅通了专业知识掌握、实践技能应用和创新思维融合的思维方式，不仅深挖了内外兼修品质，也在协同创新上下了功夫，在"卓越人才"培育的过程中担当着不可或缺的角色，并被赋予了无可替代的重任。而在新时代，培养具有创新意识、创造能力且能够将无限创意落地于实践应用的此类人才，更显其珍贵性和实用性。因而，这也更加督促着不断向上的人们为了实现更好效果的融合，在增强创新意识、深化创业实践和推进创意落地等方面付出更大的努力。

# 第四节　构建外语+专业+平台
# "产学研创"生态机制

任何一门作为国际交流语言的外语，其应用本身都属于语言工具的正常使用。它们在跨文化交际的活性机制构建过程中发挥着桥梁贯通、环节串接等不可替代的作用。而且，"外语+"思维着实为进一步倡导和开辟国际化人才培养新航道，打开了充满"稳固性"、凸显"通透性"且又颇具"可观性"的"思维窗口"。可以说透过这个窗口，不少的参与者都能够以更加广阔的视野看到更为宏大的世界，而不再"坐井观天"地自以为是，或者妄自尊大地目空一切。再者，将外语的学习及其相关研究融入专业性极强的学科专业知识实践应用过程中，能够形成接续效果好、辐射面积大、延展层次高的专业知识普及和实践技能应用场域，使单纯的语言理论传授和实践教学开展自然融为一体，并波及产教融合、科创融合甚至思创融合等多个层面。尤其是在信息化技术发展日新月异和智慧型平台建设的动能十足的当今时代，更能通过构建有效疏通语言链和密接教育链的生态机制，为打通产业链、补位人才链和强化创新链等，创造良好的契机和有利的条件。

## 一、注重实践，提高外语思维能力

直接用外语思维的能力，是国际化应用型创新人才理应具备的核心能力之一。这种实用技能，不是口说无凭的"夸大其词"，而是"真刀实剑"的实战体现，并需要在进一步的实践检验中不断"升级"与"外放"。如果说只把"国际化"当成一种视野的开拓，那么这种国际化人才就显得"单薄无力"或者"稀松平常"了。笔者认为，这里的国际化人才，首先是意识和眼界的"国际化"，即开放式眼界、融合式机制、协同式创新等多种元素的有机结合在人才综合素养中的集中体现。其次，便是语言思维能力基于特定场景和独立情境的活泛应用。那么，注重实践过程中的外语思维能力培养和提升，理应成为应用型创新人才培育中的常态化做法。根据局部研究发现，近年来青岛很多应用型高校在此方面做出了一定探索。鉴于青岛所具备的地理位置优势和国际影响力，它们将应用型创新人才培养定位在凸显岛城特色、开拓国际视野和实现创新发展等上面，更加体现这座"创新之城""创业之都""创客之岛"的开放格局与"三创"实效。

### 二、深化融合，增强协同创新意识

融合不仅是一种指导实践的协同理念，也属于一种突破常规的创新精神。在不断得到深化的征途中，它又可以成为统领全局的有效机制。研究发现，逐步构建起来的融合式机制，使"协同创新"超越了单纯的理论窠臼，而越发变为延展阔达、影响深远的鲜活力量，既生发着内在动力，又指引着创新实践。通过深化融合，协同创新意识得到了增强，推动着校政行企"成一体"、师生同创"成范式"，也督促着协同创新"成标杆"、产学研创"成机制"。这无疑为推进外语+专业+平台"产学研创"生态机制的构建工作做了较好的铺垫。在此以专创融合工作室建设为例。本书研究组经过调研，发现时下在山东省内有不少应用型高校正大力推进专创融合工作室建设，以此带动了跨境电商交易、"外语+"平台创建、产教融合机制推进、校企合作模式完善等多主体协同创新的实践活动有效开展，可谓"融合创新"之势已经蔚然成风，"遍地开花"功效辐射深远。

### 三、讲求体验，强化场景认知实效

在产学研创生态机制构建的过程中，体验式认知一直都是充满活性的因子，满含着由内到外、由近及远的驱动力量。这种因子注重真实场景的贴合和应用，也注重相异情境的适用和转接；这种力量激发着施教者着力创新方法提升能力的精神斗志，也激发着受教者不断超越常规创造新的自我的自主力量。可以说，正是这种体验式认知，才在实践中不断强化了外语+专业+平台"产学研创"机制的接续力量，使外语工具尽其所用、专创融合更见实效，也让平台建设发挥出作用。比如，近年来青岛不少应用型本科高校着力对标应用型创新人才培养，以高标准、严要求构建涵纳了"大思政"要素的引领性、协同式创新实践基地和中国红色文化教育基地，通过建设一批集思政教育 VR 实践教学中心、VR 交互式体验馆、红色 3D 环幕影院、商务英语创新工作室、产教融合实训基地等多功能、场景式、情景化实践载体，发挥了较好的"培根铸魂"作用，将"产学研创"机制的构建推向了纵深。

### 四、完善机制，促进产学研创结合

作为系统化推进教科研工程建设的融合动力，产学研创结合是技术创新上、中、下游的对接与耦合，其实质是促进技术创新所需各种生产要素的有效组合（郭大成，2012）。不断完善外语+专业+平台的生态机制，为接续性实现产学研创"合力增效"提供了有力保障。道理很简单，即以外语的学习及其技能的创新应用为实践抓手，连通专业素养的提升，并借助于平台效用，理实一体地发挥集专业品质熔炼、创新技能应用和平台功效增强等于一体的融合作用，为培育高素质应用型创新人才赋能增效。实际上，着力完善这一机制，不仅能够激发教科研团队的整体创新意识，也能够进一步发挥动态机制的引领作用，将"融合性"置于无比重要的位置，实现了"学以致用"，并为深化育人模式和拓展实践路径提供可靠保障。

### 五、扎根区域，培育创新创业人才

以服务区域经济社会发展为导向，深耕双创教育沃土，积极探寻基于"外语+"思维的全要素、深融合、强支撑和高实效的双创人才培育内在机理，并不断拓展有效路径，是提升"思政引领、专创融合""创新引领、产教融合"和"实践引领、校地融合"整体实践成效的核心动力。通过着力发挥学校主体、政府主导、企业参与、行业指导的联动作用，协同式打造人才培养新机制，不断增强专创融合、产教融合、思创融合、校地融合的综合实效，融合式构建了人才培养新模式，也深度强化了一地三园、众创空间、工作室载体、产业园区实践功能，接续性熔炼了创新教育新成果。实践证明，扎根区域基于

"三领三融"机制培育创新创业人才的实际做法，验证了新时代跨文化交际能力提升中创新教育"大有可为"的事实。

综上所述，产学研创不仅是在强调产业发展、学业进步、科学研究、创新实践等多种因素的有机整合，也极其看重能够实现系统化推进、协同式创新和实践性应用的整体架构。在此体系构建的过程中，引领机制的深度完善、合作模式的科学创建和培养质量的优化升级三者缺一不可。由此，相关体制机制尤其是机制方面的持续性完善，便成为产学研创"一体化"推进且得以接续增效的"首发力量"，务必引起理论研究人员和实践主体的足够重视。

# 第五节 "三领三融"拓展创新 人才培育机制构建路径

对于机制构建而言,可行性路径是其开启梦幻之旅的"金钥匙"。它们能够将引领机制勾画的理想规划适时"变现",进而为督促负重前行的实践者们得以集中心智、积蓄心力和达成心志,提供源源不断的实践动能。

其机制构建路径如图 2-1 所示。

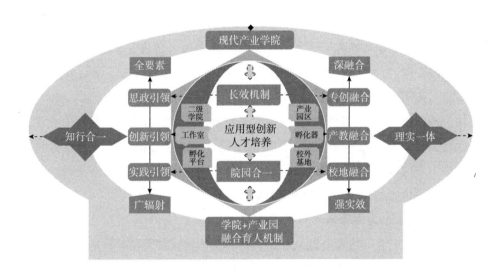

图 2-1 基于"三领三融"的应用型创新人才培育机制构建路径

## 一、全方位实施"思政引领",融合式培育质量文化

构建"大思政"精髓强效助推的引领机制,为把脉应用型创新教育和培育高素质应用型创新人才提供了正确的航标指向。全方位贯彻实施"思政引领",不仅要使思政元素和创新元素、企业元素和社会其他元素有机融合,更

要将价值塑造、知识传授和能力培养融为一体（孙有中，2022），在落实、"落细"的实践过程中使之不断得到全面而深入的强化，高效融入基础课、专业课、理论课和实践课全过程，为构建内涵滋养有深度、创新培养有实效的应用型创新人才培养机制积淀内涵，培育可再生、可接续且又可泽润的"质量文化"。

在这里，质量文化主要是指在实践活动中所形成的包括服务意识、创新理念、实践精神、行为、核心价值观和外观形象等在内的集合体。作为文化的核心要素，它也成为社会文化的重要组成部分。其内在的成熟培育和体系的稳步搭建，需要一个长时期熔炼、多视角审视和融合性探索的实践过程。

而大学质量文化，则是区别于"制度硬约束"和"大学制度文化"建设两阶段的高级层面，具有持久性好、穿透力强和认可度高等"外柔内刚"特质。从实践上来看，培育和建设高质量的大学文化，需要有"优秀"迈向"卓越"的超凡胆识与执行魄力，需要有激战困难、迎战未来的心智与毅力，更离不开心向"一流"、勇于"创新"和敢于"出色"的内涵积淀与素养支撑。事实证明，坚如磐石、稳若泰山的大学质量文化，正作为引流卓越人才、优化资源配置、提升治理能力和增强育人成效的强大后盾力量，激发着一代又一代精英学子不断地攀登向上，勇摘创新桂冠。而全方位实施"思政引领"，则从根本上成为熔炼内涵式质量标准、构建常态化检测体系、锻造正规性师资团队和促进生态型人才培养的滋养力量。

（一）发挥四方聚合联动作用

实现校政行企四方聚合联动，是构建多主体协同育人机制和培育滋养质量文化土壤的迫切要求。发挥四方聚合联动作用，一方面是为了调动学校发挥自身主体作用，在正确而高效的"政能量"牵引之下，高效实现行业的适时指导和企业的积极参与，努力避免"校热企冷"现象出现。另一方面是以此着力凝练精神文化层面这一质量文化的核心，聚焦于学校主体，以学生创新发展为中心，推进全员参与、全过程管控和全系统考评的质量管理模式深入实施与着力完善，多主体构建集聚全要素的价值链条，助力特色化品牌创建。

（二）打造双核共融实践载体

此处的"双核共融"，即在融合式机制下，围绕应用型创新人才培养和创新创造能力提升两个核心目标，"理实一体"打造和"双管齐下"开拓基于"三领三融"的创新载体与实践场域。其中，"双核"是力量集聚的统一体，而"共融"则是理念融汇的好结果。两者经过打造，合二为一，即成为培育应用型创新人才并能使之具备"敢闯会创"素养的孵化载体与依托力量，可谓势不可当，且成效明显。

（三）增强质量文化浸润实效

质量文化为有效提升综合素养提供了多层面的铺垫，并且以滋润的土壤、浸润的环境和温润的力量，发挥出良好作用。因而，务必想尽一切办法，将"思政"教育元素融入文化体系建设之中，以此促进质量文化快速"发酵"，并产生非凡功效，为机制构建路径的有效拓展提供强有力的保障。

**二、深层次推进"创新引领"，接续性打造质量工程**

生命是一个进程，不是一个物件（爱德华•阿什福德•李，2022）。这说明，生命力是一种需要灌溉和滋养的神奇力量。因而，要赋予"创新引领"生命力，使其在更广阔空间源源不断地滋生辐射影响力，就需要不断地创新思维模式，力争在"一体化"工程建设上实现"逐层进阶"。

（一）集群化推进

如果从表层意义解读，"集群化"可以说是超越了"孤岛式"设计思路的创新理念和实践落地行为。毫无疑问，它对于理实一体构建脱离孤立性、牵系协同性和融合创新性的整体运维系统极具帮助作用。实践也已经证明，要在创新引领上有所突破，并产生实践妙用，"集群化"算是一种很值得参照与选用的做法。尤其是在专业课程群建设、高效能团队打造等方面，良好地开展集群化运作，一般都能够产生事半功倍的效果。

（二）创新性引领

对自己诚意十足，对别人用心至深，练功到位，创造力自然生生不息，这才是真创新（金惟纯，2021）。这其实就是在告诉我们，"诚信"于公于私都是可贵品质，"分享"于己于人都是成事法则，而要在创新引领方面发挥实际作用，务必得在"真"上下功夫。质量提升需要"真材实料"，冲锋陷阵需要

"真刀实剑"，团队建设需要"真心真意"。从这个意义上来讲，创新不但是引领实践的"成因"，也是助推融合的"果实"。要使之高效发挥渗透力，在更大范围产生辐射影响，以上所有都可成为成就"创新性引领"的必备要素。由此，以"真功夫"提升"创造力"，用"真创新"引领"深融合"，拿"真作为"验证"真成效"，便成为实践创新者在不断推进人才培育质量工程建设的过程中拾获的真理，既颠扑不破，又可品可嚼。

（三）接续式打造

发挥创新的引领作用，不能异想天开地让它"立竿见影"，也不能靠着一时的心血来潮，幻想能够"一劳永逸"。要想收获"成群""成势"甚或"成事"的实践功效，务必在"接续式"提升"创新力"方面做出一定的努力。其一，是内部创新的接续。想要做到这一点，就需要创新者将有用的创新元素纳入一个系统化工程建设之中，并使其各站其位、各尽其用，构建形成良性的可持续发展生态。其二，是外部创新的接续。要实现这一点，就需要实践者走出内部狭小的天地，融入周边环境，以宏阔视野开辟能够铺展未来美好世界的新的"疆域"和"战场"。另外，实现内外通联和内化于外，也需要创新躬行者及时审时度势和不断推陈出新，在高效筑建行稳致远的人才培育质量工程上下足功夫。

实践证明，发挥创新引领作用，需要一个集群化推进、长效性构建和接续式打造的实践过程。其中，要体现"深层次"和"高质量"是个难点。而树立"一体化"构建的创新思维，则为进一步增强创新引领内生动力，提供了更多新型探索路径。

## 三、大范围强化"实践引领"，项目化提升认知体验

实践，不仅是对理论认知最好的检验，也通过自身的引领作用，促进了多元化模式探索和深层次理论研究。在此进程中，"项目化"以其严整性、契合性和创新性，为学生框架思维的系统化构建和认知体验的有效提升，补给了新能量，延展了普及面，也极大地增强了实效性。

（一）普及式强化引领作用

简言之，"普及"是一个为了让某种现象、知识或技术变得"大众化"，

而进行全面介绍、推广和应用的代名词。在发挥"实践引领"作用的过程中，"普及式"强化并不是一个不可实现的"虚空"的词汇，而是一种能够逐层开展、接续落地和广泛推介的实践行为与执行理念。另外，它也是一个深化认知方式探索且能够催生实践动能的有力措施。实践证明，要在更大范围内不断强化对"实践引领"作用的认知程度或取得一定突破，必须考虑如何使其在更宽广层面发挥出"普及式"作用。

（二）实效性打磨行动方案

在"实践引领"的强化过程中，实效性是较难控制的。而"实效性打磨"更需要"点线面"的有机结合，也无法脱离于"高精尖"的指标考量。因而，在这一点上，实践者不能无视遵从实际的绩效考核和那些有助于认知提升的合理化机制构建。通过强化"实践引领"，研究者可以在如何提升实效性上获得第一手材料，倘若他们能够认真反思且集中复盘，将会为进一步提高实践成效创造更好的条件，也会为提供出更加贴合实际的改进方案提供信实数据。

（三）项目化驱动实践成效

项目式不是单行线式的笔直挺进，而是"入项"和"出项"的集合体。"项目化驱动"首先体现在项目式教学的合理运用上。作为一种极具典型意义的"做中学"实践模式，它要根据各个项目的具体要求，激发师生主动学习意识，细化全面构建思路，并优化整体设计方案，真正应用所学知识解决诸多实际问题。在此过程中，时间的把控与任务的管理，项目路演的开展与演说答辩的安排，都很重要。如若结合翻转课堂设计思路，灵活而适当地穿插进项目化教学手段，将起到事半功倍的作用。

（四）协同化推进课程建设

校企协同育人，为打造应用型课程体系、完善动态调整机制和解决供需矛盾，提供了新的探索路径。就2018年我国教育部对于"金课"内涵的解读而言，高阶性、创新性和挑战度已成为校企协同建设多样化课程体系的考量标准和行动指向。实践也无数次证明，校企协同化推进课程体系建设，有助于实现从"单打独斗"到"企业出题""师生破题"，达到校企共赢（乔海曙等，2021）。由此说明，"校企协同化"一方面能够为培育机制的有效构建提供新路径，另一方面也以较强的说服力，在很大程度上推进了基于"外语+"的课程体系建设，并在更广阔空间满足了优质化复合型人才培养的实际需求。

可以说，做好相关路径的适时拓展，着力构建基于"三领三融"的应用型创新人才培育机制，并希望以此深入推动高素质应用型创新人才的系统化培养，需要探索者们长期不懈地坚持创新发展理念，进一步明确社会主义核心价值观的根本要求，"知行合一"地做好中华优秀传统文化内涵精髓的深入挖掘、理性继承与适度创新，并辅以得力措施，真正使其发挥"高引领"和"强辐射"作用，以更好地推动交叉学科的深度融合与可持续发展，也让协同育人与资源共享的有效途径不断得到延展，最终实现优质化培育高素质应用型创新人才的宏伟目标。

# 第六节 基于"三领三融"建设现代
# 产业学院实践研究

现代产业学院是推进产教深度融合和实现校企紧密合作的依托力量实践载体，"三领三融"的建设思路，因其不仅讲求"知行合一"，也注重"领融一体"，而成为现代产业学院建设的参照思路。本节主要结合青岛黄海学院基于"三领三融"建设现代产业学院的创新型实践探索，对相关研究内容进行细致的解读。

## 一、世界产教融合相关研究现状和实践价值

《教育部 发展改革委 财政部关于引导部分地方普通本科高校向应用型转变的指导意见》明确提出"推动转型发展高校把办学思路真正转到服务地方经济社会发展上来，转到产教融合校企合作上来"；《教育部关于加快建设高水平本科教育全面提高人才培养能力的意见》提出要"构建全方位全过程深融合的协同育人新机制"；《现代产业学院建设指南（试行）》中提到"打造集产、学、研、转、创、用于一体，互补、互利、互动、多赢的实体性人才培养创新平台"。《国务院办公厅关于深化产教融合的若干意见》则提出"逐步提高行业企业参与办学程度，健全多元化办学体制，全面推行校企协同育人"。实践证明，如何实现从"校企合作"到"产教融合"再到"产教一体化"飞跃，仍是学术界亟须付出努力探索的焦点问题。

### （一）研究现状

国内学者分析了建党百年来我国高等教育产教共生关系演变，指明其不可替代作用。顾永安和范笑仙认为，专业集群已是应用型院校一种专业治理结构，建设现代产业学院创新了产教融合组织形式，成为地方院校转型破局之举。人才培养要满足学生成长和行业发展双需求，基于跨界视域体现更高协同

度、开放度、集成度和务实度。东莞理工学院认为，途径在于构建多主体协同治理结构、以课程链推动学科专业交叉融合、有序有效嵌入资源优化人才培养、聚焦解决复杂问题优化评价机制。吉林动画学院探索了学研产一体化教育模式，烟台南山学院则通过现代产业学院推进一体化改革。

国外则主要集中于理论和组织模型研究。日本重视产学协作教育，灵活设置课程，突出实践性。新加坡"教学工厂"将先进设备、现代生产、真实环境引入学校，形成学校培训机构、企业"三元合一"综合模式，特征是根据市场设置专业、项目教学贯穿始终。而德国"双元制"、澳大利亚"TAFE"、美国合作教育等模式。凸显了工作室成为应用型本科高校产教融合教育改革试验田的趋势。美国社会学家亨利·埃茨科威兹提出，政校企是知识经济社会内部创新制度三大要素，连接着市场需求，形成了交叉影响的三螺旋关系并催生各种"混成组织"。

对于应用型本科高校理实一体的探索，青岛黄海学院这所应用型本科高校，认真领会相关文件精神，着力发挥规划引领作用，积极探索产业链、创新链、教育链有效衔接机制，接续完善产教融合协同育人机制，竭力构建高等教育与产业集群联动发展机制，适时打造融人才培养、科学研究、社会服务、学生创新创业等功能于一体的人才培养基地，更好地助推应用型本科高校建设，并为区域产业"转型升级"提供服务。近年来，青岛黄海学院《"院园合一"的协同机制》案例入选教育部首批产教融合实训基地优秀案例；《以"专创融合"为抓手促进"应用型"转型》案例受到教育部原副部长鲁昕的大会推介。2021年6月，青岛黄海学院八大现代产业学院集体揭牌，政校行企四方聚力构建全方位、全过程、深融合的产教融合、校企协同育人机制。牢牢抓住产业和教育两大关键"引擎"，造就适应地方和产业需求的高素质应用型人才。2021年12月，学校智能制造产业学院入选首批山东省现代产业学院建设单位。

（二）实践价值

时下，现代产业学院与二级学院的关系理论界定和实践探索均"在路上"，研究视角模糊且深度不够。因此，推进一般规律、定量研究及微观落地的意义重大。相关研究者对江浙百余个现代产业学院的调研数据表明,打造导向明确、成效显著和辐射广远的现代产业学院,有助于明确建设主体地位、深化机制改革、保障师生权益和规避滑坡风险,对于增强产学研创一体化、推进课程建设制度化、确保校企合作规范化和实现融合育人实效化大有裨益。

### 二、产教融合研究内容、目的和拟解决问题

依托现代产业学院深化产教融合,需要基于研究现状在研究内容上作出突破,也需要进一步明确研究目的,探索科学方法,拓展有效路径。现就此一一展开解读,以便为解决关键问题"投石问路"。

（一）基于产教融合开展应用型人才培养研究

首先,研究如何实现产教深度融合和校企协同育人。通过研究在服务地方和助推产业发展中补给校企需求、搭建产学研训创平台的有效路径,实现校政行企多主体构建应用型本科高校组织新生态和实践、实战、实效、实际"四实"治理体系,并坚持以创新、创业、创意、创造、创客"五创"为抓手建设现代产业学院,协同培育应用型创新人才。

其次,研究现代产业学院建设的基本理论和应用型创新人才培养规律。基于"三螺旋"理论、场域论等研究,探究适用于产教深度融合的统驭机理和现实依据,明确现代产业学院建设动力机制、资源共享机制,优化专产衔接机制,构建应用型创新人才培养新模式,营造学场+职场、培育+实训的成长场域,增强融合式育人成效。

最后,研究现代产业学院建设的内在逻辑和运行模式特征。研究政策驱动、需求牵引和融合创新的内在逻辑,剖析现代产业学院跨界、融通、耦合的基本特征,探究区域特色鲜明、产业针对性强和功能复合性好的运行模式,根据现代产业学院设立形式、合作形式、运行模式等分类,提供应用型本科高校特色发展的新思路和新路径。

（二）以特色化促进"四链衔接"为研究目的

使现代产业学院成为应用型本科高校的基本组织形态和提高人才培养质量的有效路径,促进教育链、人才链与产业链、创新链"四链"衔接,实现教

育高质量发展，提升教学应用成果质量，打通从创新、创造到实践应用"最后一公里"，并基于社会需求和市场导向，构建凸显应用型本科高校特色的应用型人才培养体系，为实现产学研创"一体化"提供借鉴经验。

（三）解决现代产业学院建设面临的关键问题

首先，解决现代产业学院建设角色定位不准问题。强化现代产业学院实现专产相接、产教融合的基本功能，倡导现代产业学院应在与地方、产业互动和社会实践中培养"知行合一"的应用型创新人才，明确其建设在服务区域经济社会发展中的角色担当和实践价值。

其次，解决现代产业学院建设聚合要素发散问题。厘清政校行企运行主体关系和现代产业学院与二级院系、产业园区及职能部门之间的关系，通过机制引领、专业依托、项目支撑、平台搭建等全要素整合手段，解决产教"融而不合"、校企"合而不深"等问题，以产学研创"一体化"增强建设成效。

最后，解决人才培养模式改革落地不实问题。合作对象从单个龙头企业到企业群再到产业链，建设主体从单一专业走向学科全覆盖，以工作室为实践载体让企业项目进课堂，落地"低重心"开展课程体系、师资团队、平台建设等模式探索，有助于"稳扎稳打"提升育人成效。

## 三、产教融合改革方案设计和问题解决方法

在总体设计上，深化产教融合改革需要考虑个性化特征的全面呈现和实效性作用的超强发挥，当然也离不开依附载体和教学模式的有力推动。由此，探索相关问题的解决方法，便不得不将应用型、融合式和创新性等关键词纳入其中。

（一）改革方案设计

其一，建设"四有""四不同"实体型现代产业学院。从资源逻辑向需求逻辑转变，建设有编制吸引、有场所支撑、有职责担当、有经费支持的"四有"实体，使之成为不同于大学二级院系、不同于学校内设科研院所、不同于校办企业、不同于附属单位或职能部门的"四不同"单位。

其二，实现现代产业学院+产业园"院园合一"。将二级院系改造升级为

具有现代产业学院特质的办学实体。首先对接区域产业链建设跨学科应用型专业集群；其次以之为依托重组二级院系，实现融合性、跨越式和实体化建院，深入完善现代产业学院+产业园"院园合一"校企协同育人机制。

其三，基于机制完善落地工作室制人才培养和项目化教学。完善产教融合平台——模块化、项目式、综合性课程——工作室基层组织运行的内涵逻辑。通过平台引进企业项目入校，基于真实项目开展综合课程建设，形成适应市场导向、基于主流行业产业运营的模块化课程体系和基于创新创业创客的实训式人才培养模式。

其四，基于工作室制强化项目驱动式实践教学。将工作室作为产教融合的基本单元，以任务驱动打造人才培养基层组织，形成师生同创、企生共创、学生自创的"百团大战"局面。使工作室载体成为"小而美"的超级细胞和责权利统一的"蚂蚁军团"，凸显市场化学习特性，赛教一体推进项目化和体验式学习，实现学生以工作任务融入学业、教师以专业服务融入产业、校外资源以创业项目融入课程体系，构建学业+产业+创业"三业融合"共同体，谱写应用型本科高校独特的"发展经"。

（二）问题解决方法

首先，明确建设定位，实现现代产业学院+二级学院"双院合一"。建设"四有"现代产业学院，使之在编制、场所、职责和经费等方面免除后顾之忧；跨越二级教学单位或职能部门职责，变革组织形态、构建校地融合、产教融合、科教融合、思创融合的育人体系，把现代产业学院建成应用型本科高校实体办学单位和主体教学组织。

其次，全要素完善机制，"院园合一"式推进现代产业学院和产业园综合建设。融汇课程、师资、平台等要素，"院园合一"搭建产教融合平台，校企双元推进学业+产业+创业"三业融合"载体建设，构建产教融合动力机制，实施制度+机制+责任协同治理策略，消解办学管理主导权与自主权冲突、教育供给公益性与私利性冲突、受益主体投入成本与预期收益之间冲突等问题。

最后，优化实践模式，实施需求导向的工作室制项目化教学。以师生同创、企生共创和学生自创等多种形式建成的工作室为教学组织，校企共建

"微专业"，推进项目化教学，解决课程设置与企业岗位需求相脱节、学生缺乏实战历练、教师实践指导能力不强等问题。

### 四、相关研究创新点、预期效果和实践成果

创新是遵从实际的突破，是源自本真的尝试，也是超越自我的跨界，意义非凡，且又充满了挑战。无论是路径创新、机制创新，还是内容创新，现代产业学院建设都要凸显自身特色和讲求实用性与适用性。现结合实践，对此做出具体说明。

（一）创新之处

其一，现代产业学院建设路径的创新。以区域产业链建应用型专业群、以应用型专业群建现代产业学院、以现代产业学院建产业园，将现代产业学院与二级学院"双院合一"、现代产业学院与产业园"院园合一"，有效地推进了应用型本科高校综合建设。

其二，现代产业学院建设机制的创新。以"双院合一""院园合一"搭建深度融合的平台和机制，使产教融合有了机制保障；以工作室制搭建协同育人的基层教学组织，使校企合作有了落脚点；使产教融合、校企合作从"知"走向了"行"，实现了"五个深度融合"，即产业链与专业群深度融合、教育组织形态与产业项目对人才需求深度融合、校企深度融合、企业生产与人才培养过程深度融合、学校师资与行业企业深度融合；实现了"六共育人"，即专业共建、师资共培、人才共育、就业共担、资源共享、成果共用为主要内容的育人机制。

其三，现代产业学院建设内容的创新。围绕区域产业多元化需求，搭建具有利益共同体属性的"1+N""1+1+1+N""1+1+N"型现代产业学院，即深度对接区域产业发展需求，实现1个区域产业链整合并升级改造N个专业，此为"1+N"；深度对接1个市级以上级别的行业协会，深度对接1个市级以上级别的科研院所，深度对接1个市级以上级别的产业园区，深度合作N家企业，此为"1+1+1+N"；共建1个现代产业学院和1个产业园，并以之为依托建设N个"蚂蚁兵团"式工作室，此为"1+1+N"。此举意在将工作室建成现代产业学院的基层教学组织，把项目化教学改革成为其主要的教学形式。

（二）预期效果

通过开展现代产业学院建设实践性研究，探索应用型创新人才的培养规

律，开创一条适用于应用型本科高校建设的有效路径，开辟产教融合、知行合一的应用型人才培养模式，并推进应用型本科教学基层组织形态变革和教学模式变革，形成突出地方性、强化"适应"主题，突出应用型、强化"协同"主题，突出体验式、强化"生动"主题，突出创新型，强化"未来"主题的人才培养体系，推进应用型创新人才培养环境"职场化"、教学"情景化"、内容"项目化"、导师"双师化"和成果"显性化"，切实提高应用型创新人才的培养质量。

（三）实践成果

从青岛黄海学院的实践来看，该校自 2021 年 8 月就下发了《关于进一步推进现代产业学院建设的通知》，要求各单位、各部门进一步贯彻落实教育部办公厅、工业和信息化部办公厅印发的《现代产业学院建设指南（试行）》及山东省教育厅、工业和信息化厅印发的《推进本科高校现代产业学院建设实施方案》等文件精神，结合实际，探索构建"人才共育、过程共管、成果共享、责任共担"的产教深度融合、校企密切合作办学机制，全面提升应用型创新人才培养质量，更好地服务于区域经济建设，其所强调的现代产业学院建设工作，旨在强力打造集产、学、研、转、创、用于一体，互补、互利、互动、多赢的实体性人才培养创新平台。主要包括以下几个方面内容：

其一，依托主要负责与合作单位，广泛探索了产教融合新机制。根据国家和山东省经济社会发展需求，聚焦服务青岛区域主导产业、支柱产业和战略性新兴产业，面向专业群与产业群契合度较高、产教融合基础较好的二级学院，立项建设八个校级重点现代产业学院，打造集人才培养、科学研究、技术创新、企业服务、学生创业等功能于一体的应用型创新人才培养实体，探索形成产学深度合作的新型人才培养模式。

对于新一代信息技术现代产业学院而言，主要负责单位是大数据学院，合作单位是山东省软件行业协会、山东省大数据行业协会、北京青苔数据科技有限公司、北京灵伴即时智能科技有限公司、青岛山科智汇信息科技有限公司。对于服务贸易现代产业学院而言，其主要负责单位是创新创业教育学院，合作单位为青岛国合对外经济技术合作有限公司、青岛市服务贸易协会、青岛西海岸新区服务贸易协会。对于跨境电商现代产业学院而言，其主要负责单位是国际商学院，合作单位是山东省跨境电子商务协会、青岛环湾跨境电商综合试验区特色产业园、青岛上合跨境电商产业园、青岛市跨境电子商务协会。对于智能建造现代产业学院而言，其主要负责单位是建筑工程学院，合作单位为上海鲁班软件有限公司、广联达科技股份有限公司、荣华（青岛）建设科技有限公司、筑友智造建设科技集团有限公司山东分公司。对于婴幼儿教育与服务现代产业学院而言，其主要负责单位是学前教育学院，合作单位为北京金色摇篮教育科技有限公司、青岛西海岸新区小花盛开艺术培训学校、山东优师教育科技有限公司、青岛市手工艺协会、青岛智田幼儿园、青岛市李沧区佰金键艺术培训学校有限公司、青岛市黄岛区亲亲袋鼠早教中心。对于直播电商现代产业学院而言，其主要负责单位也是创新创业教育学院，合作单位为青岛禾三千文化传媒有限公司、青岛西海岸新区张家楼街道、青岛西海岸新区六汪镇、青岛西海岸新区灵山卫街道、青岛市网红协会、青岛西海岸新区直播产业商会。对于机器人现代产业学院而言，其主要负责单位是智能制造学院，合作单位为青岛市机器人产业协会、青岛宝佳自动化设备有限公司、青岛丰光精密机械股份有限公司、海联金汇科技股份有限公司、青岛海艺自动化技术有限公司。而对于现代传媒现代产业学院而言，其主要负责单位是艺术学院，合作单位为青岛动漫创意产业协会、青岛影视制片人协会、青岛蔚蓝天地置业有限公司、青岛市互联网营销协会、山东星科智能科技股份有限公司、青岛北方互联信息技术有限公司、青岛大唐尚家装饰设计有限公司。

其二，细化产教融合行动方案，落实了现代产业学院建设任务。一是要建好对接产业链条的专业集群，紧密对接现代产业学院所服务行业企业的产业链，着力打造优势特色专业，校企协同开发微专业，推动产教融合型专业集群式发展，构建与学校办学定位和办学特色相匹配、与区域经济社会发展需求相适应的专业结构体系，有效提升人才培养与产业需求的契合度。二是要创新协同育人的人才培养模式，推进"引企入教"，推动现代产业学院将产业新技术、新工艺、新规范、新标准纳入教学标准和教学内容，加快课程教学内容迭代，实现课程内容与行业标准、生产流程、项目开发等产业需求科学对接。建设一批较高质量校企合作课程、教材和工程案例集。鼓励打破常规对课程体系进行大胆革新，探索构建符合人才培养定位的课程新体系和专业建设新标准。推进启发式、探究式等教学方法改革和合作式、任务式、项目式、企业实操教学等培养模式综合改革，促进课程内容与技术发展衔接、教学过程与生产过程对接、人才培养与产业需求融合。三是要建立校内外实验实习实训基地，以现代产业学院为载体，联合地方政府、龙头企业、科技园区等，创新多元办学主体的新型合作模式，构建基于产业发展和创新需求的实践教学和实训实习环境。在教学计划中明确实习实践的时间和实践教学学时，确保学生足额、真实参加实习实训。统筹各类实践教学资源，构建功能集约、资源共享、开放充分、运作高效的专业或跨专业实验教学中心。通过引进企业研发、生产基地，建成兼具生产、教学和研发功能的校企一体、产学研一体的大型实验实训实习中心和培训基地。每个现代产业学院建设若干个高水平的校外实习实训基地。四是要打造"双师双能型"师资队伍，加大校内教师转型力度，有计划地选送专任教师到现代产业学院所服务的行业企业接受培训、挂职工作和实践锻炼。完善"双师双能型"专兼职教师引进、认证与使用机制，引导行业企业选聘一批科技创新人才、高技能人才和高层管理人才到学校担任产业教授。每个现代产业学院至少建设2个名师工作室（坊），将现代产业学院建设成"双师型"教师培养培训基地。五是要搭建服务地方行业企业产学研合作平台，加快融入地方经济社会发展，满足服务地方产学研合作需要。通过现代产业学院建设，深化拓展与省内龙头行业企业的战略合作，创新校地、校企合作模式和对接落实机制，建设服务地方特色产业的行业共性技术研发中心，促进科技成果转化和产业化。与现代产业学院所服务的行业企业开展横向课题研究，积极探索先进技术辐射扩散和产业化的新途径，不断提升学校服务地方经济社会发展的能力。

其三，压实工作主体责任，确保了现代产业学院建设总体成效。通过要求各主要负责单位继续做好现代产业学院推进工作，在人才培养、专业建设、实践教学、科学研究、师资队伍、招生就业、社会培训、技术开发与服务、文化建设等环节或领域开展了全方位合作，持续有效地推进了教育教学模式改革，切实提高了学校办学育人质量和整体水平。

### 五、产教融合实践研究实施范围和应用价值

建设现代产业学院为拓宽应用型创新人才培养路径奠定了基础，为深化产教融合实践研究提供了广阔思路，也进一步扩大了其相关研究的实施范围，凸显了可普及、可深化、能应用、能推广的综合成效，对于有效地推进产学研创"一体化"发展和育人载体建设，实用价值较强。

（一）实施范围

首先，在青岛黄海学院各学院、各专业人才培养中得到深入实施和广泛应用，实行二级学院"全覆盖"、学科专业"全覆盖"、基层教育组织"全覆盖"。其次，在地方本科院校、民办院校、独立学院等推广，产生广泛而长效的示范带动效应。最后，结合现代产业学院建设成效，申报省级、国家级现代产业学院，进一步向全国范围的本科院校、高职院校推广应用。

（二）应用价值

实践研究成果适用于所有应用型本科高校建设，不仅有利于推广现代产业学院建设经验，也有利于二级学院和学科专业的改造升级，对于大学科技园、产教园区、大学生就业创业孵化基地建设，以及应用型人才培养改革和基层教学组织建设等，均产生较大借鉴价值。

总而言之，基于"三领三融"的应用型创新人才培育机制构建实践及相关研究，是通过树立开放式高远格局实现高质量培育应用型创新人才的个性化探索。其依托现代产业学院建设的细化路径尽管不一而足，却也体现出"领融结合"在思政引领、创新引领和实践引领"三个方面"的初步成效。随着2022年8月中国教学学术国际会议在北京召开，坚持以系统思维促进全过程跨域融合培养应用型人才、以协作共享提升教学学术治理水平、以智联融通推进智慧教育赋能知识升级，越发成为探索智慧教育系统构建、认知技能时空转换的重构化实践模式及迭代性创新路径。这无疑为进一步拓展应用型创新人才培育机制构建路径提供了新思路和新航道，也势必会对形成更为新颖的构建生态和引领模式，起到较好的助推作用。

# 第三章

## 产教融合视域下基于"三领三融"的应用型创新人才培育机制构建成效

每一条河流，都有自己不同的曲线，但也有自己的梦想，那就是奔向大海（俞敏洪，2020）。也正是这种"涓涓汇流"锲而不舍的精神，赋予了创新实践者以冲破艰难万险的磅礴心力和昂扬斗志。依托现代产业学院构建应用型创新人才培育机制，自然也不能缺失这种"融合精神"和"汇聚力量"。如果说融合式思维的培育是破解"融而不合""合而不深"难题的实践妙方，国际化视野的拓展则有利于为应用型创新人才培养开辟新航道。但只有这两者，是远远不够的。作为集大成者，"三领三融"通过践行"融合式"构建、"创新性"应用和"国际化"拓展思路，为高素质应用型人才培养在创新素养提升方面铺筑了宽广道路。本章内容便以此为凭借点和切入口，主要围绕机制构建的实践成效和佐证案例，进行解读和验证。

# 第一节　发挥思政引领效用，基于专创融合构建了长效育人机制

创新素养的培育及创新能力的提升是一个系统化工程，"思政引领"在其中发挥了内涵集聚、德行指引和精神传承的综合作用。但倘若只是停留在"言传"上，则成效甚微，因而更需要落实在"行动"上，使之理实一体地发挥出辐射作用。在现代产业学院的建设实践中，要更好地发挥思政引领作用，需要躬行者坚持以专创融合为抓手，不断深化"四文化"融合育人特色，深挖中华民族优秀传统文化精髓，集聚红色文化力量，深寓创新文化精神，擎举工匠文化品牌，着力构建"双师型"教师团队、打造工作室实践载体和创建可视化育人平台，并着力完善科学、健全的教育评价体系等，以形成多元主体协同的长效育人机制。它们无疑都集中体现了德技一体、学思并重的综合效用，并在基于"三领三融"的应用型创新人才培育机制构建与完善过程中不断升格和提质。

## 一、活泛性引领机制建设发挥的统领作用

引领机制的"活泛性"赋予了自身鲜活的生命力，并以接纳开放融通的构建思路和推行协同发展的合作模式为先导力量，以此发挥高屋建瓴和整体统领作用。集中于作用发挥方面，"三领三融"的应用型创新人才培育机制，其活泛性主要体现在"思政融入""学中显创""融中赋能"几个方面。

（一）"思政融入"把航向

思政元素的融入，为专创融合朝着光辉灿烂的坦途不断"攀升"进而逐层"进阶"，确定了航标指向，并在实践路径上细化了考量指标。沿着此航道深入落地，有助于落实立德树人根本任务，也为进一步传播中华民族优秀传统文化和广泛发扬华夏儿女的善美品德，积淀了厚重而又极富内涵的实践因子。

（二）"学中显创"见真功

卓显成效的"学习"，不能仅靠单方面的"用功"，还需要实践者不断坚持与时俱进，并能在践行过程中逐步地对所学知识加以消化、吸收和创新应用。由此，"学中显创"便是水到渠成的事情。关键在于，这一"真功"能否持续化汇聚并广泛发挥出实践效用，并在实践检验当中深化学习和提升认知能力。

（三）"融中赋能"得实效

"融合"是遵循科学规律的"循序渐进"，而绝非一厢情愿的"硬性撮合"和毫无章法的"强行汇聚"。同时，它也是智慧的"内化"和创造力的"外现"，以其在接续推进的实操过程中所发挥的实践动能，赋予了机制构建以更多的成效。另外，融合的过程和赋能的过程本身就是同步进行的，二者相得益彰。

由此而论，充满"活泛性"的引领机制建设，不仅需要正确把握思政元素融入的航标指向，也要在教学做"合一"的完成过程中不断获得创新发展，力求实现"深度融合""广泛引领"和"强力辐射"。实际上，所有的作用发挥，都无法脱离"激活"思政元素并使其担当"统领"角色的落地举措和实践行为。

## 二、融合式创新思维培养激发的实践动能

"思政引领"的根本目的，在于落实立德树人根本任务。它以纵横交织、内外融合的"大德育"体系建设为实践重心，通过不断强化机制建设、深化创新内容和优化管理模式，为产教融合、家校共育、校企协同、师生同创等提供了厚重内涵和坚实保障。但在"强载体""重传承""搭平台""增实效"等方面，却极其需要"融合式"创新思维的着力培育和实践落地。这一思维模式，脱离了"单打独斗"，摒弃了"各自为政"，集思广益地将融合式机制建设和维护落在实处；这一思维模式，也是激发创新者协同发展的内在动力，并促使其不断深化自我认知和提升综合素养，在多个方面呈现了辐射成效。

（一）"思创融通"传妙法

思创融通重在一个"通"上，但"融"是浸入在"思"与"创"二者之

间的关键元素,不能靠"虚摆设"和"伪融合"来完成,而是需要"真融合"和"深融合"才能实现。基于此,思创融通之"妙"就贵在能够真刀实剑地使"融合"落地生根,并使其经验得到深入而广泛的推广。因而,其具体方法便显而易见,即理实一体地细化行动方案、知行合一地融汇创新思维和按部就班地推进实践成效。

(二)"创新实践"可落地

创新应用绝不是一句空话,而需要脚踏实地付诸实践。不能否认,"从 0 到 1"的创新实属难能可贵,而"从 1 到 N"的深化更是进阶攀升的关键。因此,"融合式"创新需要参与主体积极寻求破解之道,以高质量发展为导向,不断强化激发深层次实践动能的责任意识,着力拓展创新思维可落地、可深化和可接续的适用路径,以便为其在较大范围、更广阔空间和较深远层面产生辐射效用奠定基础。

(三)"一体多翼"能辐射

融合式创新中的"融合",不可能仅靠"各自为政"或"孤军奋战"就能够生发出强大合力。其实现着实需要基于一个能够"强基固体"的有力抓手,并借助于同向助飞的"两翼"力量。这里的"两翼",包括专创融合和理实贯通。从实践层面上来讲,二者都需避开"单向前进"的误区,在产教融合综合体、工作室基层组织等多元化载体的协同发力下,发挥出广远且有效的辐射作用。

由此可以断言,培育融合式创新思维,目的就在于激发融入了更多思政元素的实践动能,以使方法生成、实践落地和功能辐射等能够变为现实。尤其是在"理念融通""实践落地""层面辐射"等深入推进方面,越发显得珍贵,也需要创新者们付出更大、更多的努力。

**三、一体化培育体系构建重塑的教育生态**

这里的"一体化",通联的是融合机制,体现的是创新思维,凸显的是"理实一体""内外一体"和"学创一体"等实践效用。现结合重塑应用型创新人才"一体化"培育体系的综合成效,分别对其进行案例式解读。

（一）"理实一体"树样板

理实一体不是一个"单向行驶"的曲折弯道，而是一个"双向奔赴"的实践过程。一方面，它需要在理论上打磨科学样板和优化顶层设计；另一方面，它又需要在实践中升华实践认知和提高应用技能。因而，要做好思政引领、强化专创融合和构建长效育人机制，就必须采取措施，把培养出来的新能力从学习模式迁移到行动模式（帕特丽夏·麦克拉根，2022）。这是"理论结合实际"的最精简做法和最有效证明。

（二）"内外一体"显效用

"内外一体"之法，是从贴近问题本质到实现高效联动的明智之举。在此过程中，由内而发是先发制人的"绝招妙计"，依此向外不断渗透并使之产生接续辐射力量，进而为应用型创新人才培育取得实效创造条件。实现内外力量的有机联动，对于"一体化"重塑教育新生态，功不可没。实践证明，这种创新思维生发的综合效用，为内聚核心力量和外用平台优势打开了方便之门，同时也有效重塑了应用型创新人才培育的生态体系。

（三）"学创一体"成系统

"学"与"创"之间，本来就是一种吸纳与反哺的关系。因为夫学须静也，才须学也，非学无以广才，非志无以成学。而创新又不能是"无本之末"，它源于实践主体对已学知识的创造性运用，所以"学"与"创"自然融为一体，才能更好地为系统化培育高素质应用型创新人才奠定根基。而使之变得"系统化"，则又为学创结合和创新应用提供了凭靠载体和依附力量，有助于形成良性循环的育人生态。

综上所述，此部分内容所凸显的，主要是活泛性引领机制、融合式创新思维和一体化培育体系等聚力发挥的综合效用。后续案例的支撑，无疑将会使其更具"可视化"效果。它们不仅能够展现"思政引领"的渗透力与实效性，也让"专创融合"更加具有说服力和可信度。

# 第二节　发挥创新引领作用，基于产教融合深化了人才培养模式

实践证明，一个地区创新能力的形成和提升，就是创造、引入、聚集、融合、协调和发挥这些要素与资源，打造新时代创新创业生态体系的过程（玛格丽特·奥马拉，2022）。而国外研究则发现，作为深度学习的核心元素，理解与思考是能够激励一个人不断进取和提升学习力的核心元素，它们将机会融入批判性思维，应对复杂性，挑战假设，质疑权威，拥抱好奇心——都是深度学习意味的所有核心要素（罗恩·理查德和马克·丘奇，2022）。因而，要发挥"创新引领"作用，需要厚积薄发，并学会把握有利时机，不断在好奇心的驱使下"冲锋陷阵"，"先行先试"地占领社会竞争"制高点"。实践证明，以产教融合为路径，发挥创新理念的引领作用，将会为应用型创新人才培养模式的构建和完善，不断拓展"深耕细作"和"推陈出新"的路径。具体体现如下文所述。

## 一、构建了全要素、深融合的应用型人才培养模式

应用型人才培养需要构建一个涵盖"全要素""深融合"的实践模式，以便为创新素养提升提供平台支撑和坚实保障。其间，创新引领的作用不可小觑，它不仅为"全要素"的铺垫提供了创新性思维，也为"深融合"的落地构筑了高效能平台。另外，发挥创新引领作用，更为构建基于全要素、深融合应用型人才培养模式的优质化、创新型人才培育生态圈奠定了基础。一是能够发挥科技创新驱动力的助推作用，在平台搭建、课程设置和团队打造等信息化服务平台建设方面起到了强有力作用。二是能够搭建形成专创融合、产教融合延展效用生发的多维空间，为全面创新提供科技新动能。

比如，青岛黄海学院的产业+教育+金融三联科技研究中心，就是由政企

实践与院校教研"能力双栖"的专家构成，以金融科技促进产业应用和发展为目标，实现价值创造上深度融合的科研部门。中心按照产业发展需要和政府就业指导，坚持认知心理、数字经济、科技教育等领域跨界创新，以入职和入学一体化"双入"模式为突破口，以资源整合为导向，专注于产业项目和产品研发，开发联锁制专项人才培养和用工方案，以金融科技支持产业和教育深度融合发展。

## 二、形成了接续性、链条式的创新型人才培养方案

人才培养方案脱节于市场需求和职场需求，是应用型创新人才培养过程中的"痛点"之一。尤其是在产教融合背景下，如何接续性地疏通二者之间的航道，打造和完善链条式的人才培养方案，成为摆在教育实践者面前的难题。发挥创新引领作用，恰好弥补了产教融合中"融而不合""合而不深"等缺陷。它将多主体协同共建融合机制和高效能推进应用型人才培养纳入一个透明性较好、落地性较实的"容器"之中，使"可视化"和"可追溯"成为良性循环和接续旋转的"链条"，真正做到以创新引领创业和以创业带动就业，也使专创融合教育深深渗透于产教融合之中，进而形成了固定且颇见成效的运行机制与实践模式。

在此，以青岛黄海学院建设的省级一流本科课程《创业基础》（社会实践类）为例。这门课程凸显了接续打造"融合式"育人链条的特点，将产教融合、专创融合元素有效融入应用型人才培养方案，通过构建基础类课程+专创融合课程+隐性类课程+提升类课程的"四位一体"课程体系，接续性、链条式地提升了人才培养质量，实现了既讲求实用和注重实践，也在较大范围推广了实践成效和建设经验。

简言之，此节内容研究的重点，在于如何发挥创新引领作用，基于产教融合深化应用型人才培养模式，旨在以创新引领创业和以创业带动就业，落地科创融教，构建学业、产业、创业、就业循环衔接的生态圈，形成涵纳创新兴趣、创新意识、创新思维、创新志趣、创新实践能力等全要素、深融合的进阶性与链条式应用型人才培养模式。

# 第三节 发挥实践引领功用，基于校地融合提升了育人实践成效

"行动学习"是组织学习的承载方式（张峰，2021）。由此而论，要解决真实问题，就要深入实地加强融合与创新，讲求实效推进综合能力提升。事实证明，"实践引领"要充分发挥理论指引的实际效用，务必要在具体行动方案上作出"理实一体"的落地应用。同时，它也是人文叠加、时空跨越的"立体化"建构理念在产城融合、校城融合、城乡融合等"校地融合"层面上的具体呈现。本节内容单以"校地融合"为参照样本，对其所引发的相关实践成效进行细致解读。

## 一、延伸实践场域，助力乡村振兴

场域是"理实一体"实现思维进阶与认知提升的空间拓展，能够保护学生的创新自信，能够通过设计思维过程关联真实的生活情境，将教师的认知指向更为广阔的生命场域，改善学生对待自然、生活和学习的积极态度，激发学生本身的智慧潜能与高阶思维能力（张蓉菲和田良臣，2022）。它将体验式认知与内涵型创新结为一体，基于应对和解决棘手问题的真实需求，厘清其与客观环境之间的逻辑机理，力主构建激活创新思维和创造活力的动力循环机制。

从实践层面来看，高质量发展离不开高效能实践平台的协同助推和开放空间的有力支撑，也需要着力寻求"融合式"发展的新支点和延伸实践场域的新载体。由此，以虚实结合的形式开展专创融合、思创融通和乡创实践等活动，便成为必要。此举在进行学生实践能力培养时充分考虑学生个性化发展需求，对学生进行学业评价时将虚拟实验学习的成绩纳入其中（王亚文等，2022），更使得乡村振兴成为当下时兴的研究方向。实践证明，校企合作共建产教融合新园区，能够有效促进农业农村新质生产力发展，不断深化其内涵与

外延研究，为高效转移剩余劳动力打开了方便之门，并将新理念和新技术带到乡村建设中，使之生根发芽、开花结果。而着力培育"特色小镇"创新创业新生态，发挥其半径短、成本低和机制灵活等诸多特点，则有助于在整体上为进一步提高创新创业者综合素养赋能。另外，全程掌控乡村振兴新节奏，全力提升链条式"乡创"新产能，也已成为延伸实践引领场域、助力乡村振兴丰富活动有效开展的得力措施。

2021 年，中国教育新闻网、《大众日报》、山东教育新闻网等媒体，重点报道了青岛黄海学院"三引领、三融合"赋能乡村振兴的新闻，深度宣传了实施协同机制、产业导入、人才培养等有效融合和提升社会服务能力、赋能区域性乡村振兴齐鲁样板新兴区建设的实效做法，对于拓展校企双方需求、提高创新成果转化和深化校地融合工作提供了范例。

2022 年 5 月，《大众日报》《青岛西海岸报》等新闻媒体，报道了青岛黄海学院"回乡吃饭"让老味道网上飘香的新闻，重点推介了学校与宝山镇共建直播基地，让人才培养与乡村振兴有机结合的实践经验。"回乡吃饭"作为校镇联合打造的一档深度挖掘乡村美食文化、推介乡村特色品牌的栏目，"以点带面"地挖掘了经济增长点，使乡村经济发展焕发出新的光彩，不仅激活了一片区域、壮大了一批产业，也催生了一批企业、带动了一方乡村，对于推进校地融合和服务区域性乡村振兴，起到了"同心助力"和"双向奔赴"的辐射作用。

### 二、推进校城融合，谋求高远格局

城市建设为孕育高校文化提供了便捷空间，高校发展又会反哺于城市发展实现新跨越。正所谓"大树底下好乘凉"，就"融合式"育人机制的构建而言，城市建设一步步走向"现代化"，为创新性实践工作的有效推进铺垫了坚实基础，也创造了便利条件。时下，将深度实践融入现代化城市发展的快节奏，并充分借鉴资源平台谋求高远格局，已经成为创新者新的实践尝试。因而，推进校城融合，一方面是融入现代化城市发展的新模式，另一方面它又为实现迭代创新开辟了新路径。新模式和新路径相得益彰，二者合力生效，为校地融合生发辐射作用提供了"选项",也创造了"良机"。总之,推进校城融合是一举两得的明智之举,而非目光短浅的浅薄之行,目的在于以"融合式"思维提升"高质量",也使"实践性"引领走向了"快车道"。

高校原本就是教学研究的"主力军"、城市吸纳人才的"蓄水池",也为深化科研和输送人才打造了"主阵地",成为科技创新的"策源地"和机制引领的"磁力场"。由此可见,形成类型多样、特色鲜明、协同创新的跨越式发展思路和教育机制构建体系,并深入推进校地融合发展平台建设,落地机制持续健全,理应成为高等学校着力谋划的方向。

以青岛市为例,为在人才培育和科创融合方面交上一份完美答卷,青岛市委教育工委印发了《青岛市高等教育校地融合发展三年行动计划(2023—2025年)》,基于十年来校城双向奔赴、同频共振的实效做法,不断奏响协同共赢的和谐曲,推动了高校办学质量和人才培育水平。通过组建产学研合作联盟和开展深度对接等,完善了共享共建、创赢一体的构建机制,落地了政校企接续合作,为青岛产业发展提供优质化服务,融合效果越发明显。另外,提升高校科技创新成果转化率,使之服务地方经济社会发展的动能更为充盈,也被提上日程,增强了高等教育服务地方发展的能力,为形成融合特色鲜明、开放创新有效和团队内生动力超强的校地融合发展新格局奠定了基础,也为青岛市加快建成国际大都市提供了强力保障和智慧支撑。

实践证明,校城融合可以作为一种有效显现城市时尚风范、承载文化气质和提升活力指数的创新思路。它不仅能够汇聚"人才库"、深挖"创新源",补足应用型高校一体化推进科技创新、网上创业和文化创意等实践活动的接续动能,以促进校企深度合作开展技术研发、课程设置、师资打造和平台创建等落地,而且能够发挥多方综合优势,"入乡随俗"地推进专创融合、以赛促创和校地融合等一系列实践工作的有序和有效开展,以宏阔思维和高远格局谋划未来发展,从而为带动区域性新兴产业积聚力量,为实现区域产业结构升级提供广阔思路,也为深化高质量发展内涵助力、增效。

**三、强化沉浸体验,提升自我认知**

自我认知就是已经内化了的关于自己的知识和应用(顾及,2021)。但这一能力的有效提升，不能仅靠理论层面的"灌输"实现，而是更加需要基于个体亲历体验的"内在感知"。通过"沉浸式"体验 VR 全景视频，让参与者置身于互动体验机、3D 环幕等硬件设备助推的实践场域和孵化空间之中，并去参观爱国主义教育基地、国防教育阵地，或者穿行于红色革命文化展廊、文创产品智慧营地和景区研学工作室等，着实能够起到意想不到的效果。

以 2021 年入选"山东省应用型本科高校建设第二批支持高校"的青岛黄海学院为例，这所地方性民办本科高校，自 1996 年创建以来，就始终如一地坚持以"雷锋精神""工匠精神""创新精神"兴校育人，通过打造物联化、智能化、感知化和泛在化的创新型教学体系与场景体验+情景感知的实践育人模式，较为成功地推进了基于互动体验的人才培养机制构建和完善，整合了丰富而又高效的文化资源，充分地发挥出融入了区域特色的渗透作用，实现了不断为筑建"培根铸魂"工程搭建更为适用的场景，且以相对逼真的"沉浸式"体验提升学生认知能力的目的。与此同时，它也将军民融合、城乡融合、校城融合等一系列校地一体化构建"融合式"育人机制的实践推向了一个又一个新的高潮。再如，学校近些年来积极组建教科研团队，带领师生深入宝山镇、大场镇、海青镇等地，广泛地开展调研工作，并结合教学规划与授课内容，"补位"体验式认知和情景化记忆，不仅切实有效地推进了"校地融合"的落地，也较好地拓展了师生不囿于"一孔之见"的视野，使他们沉浸在"归园田居"的实地场景，体会到扎根"乡创"实践所带来的实惠，在脱离了书本知识的实践技能提升方面，有所得、有所思、有所悟和有所用。

当然，认知的最终目的不是给自己一幅清晰、具体的画像，而是无论遇到顺境还是逆境，内心都可以处于"平安喜乐"的状态（李一诺，2021）。而这种"平安喜乐的状态"，绝不仅仅是单靠发挥"实践引领"作用就能达到的。除了立足自身实际不断深化"校地融合"，更为重要的，应该是基于"已知"探索"未知"的内生动力和超越"融合"迈向"融通"的外在推力。而高校都需要走出自我狭小的天地，从纯似白纸的真空环境中剥离出来，以创新意识为铺垫，以融合机制为支撑，用心勾画未来新的图景。

#### 四、打造智慧平台，延展辐射影响

融合多学科知识，基于专创融合、思创融通等打造智慧平台，需要将人工智能技术融入学科建设、团队构建和应用型人才培养的全过程。作为一门技术科学，人工智能集理论研究和技术开发于一体，既讲求实际应用，又注重领域融合，并借助机器完成机制运行、模式构建及其相关研究工作。

无疑，人工智能技术通联的智慧平台，能够在很大程度上提升思政引领作用和教学效率。一方面，对于教育者而言，信息化平台的数据收集，有助于他们全面了解学生信息并做好科学管控。另一方面，对于学生而言，由于人工智能对于人脑所做的功课属于特定功能的模拟，有助于其扩充教育教学的智慧容量，并提升实践成效。通过模式识别、数据解析、智能检索和平台推荐，便于将逼真画面、信实数据等置于融合式场景当中，提升"可视化"接收教育信息的实际效果。在资源配置上，"人工智能+"思维也能够起到较好的促进作用，有助于师生"同频共振"开展思创融通工作，并为教师采取差异化方法有针对性地实现"一对一"施教，提供一臂之力。

鉴于此，施教者首先要结合学生的实际需要，不断革新教学方法，并将多样化应用和专业化教学作为技能提升的有效路径。同时，也要对学生的差异化管理引起高度重视，科学获取和高效利用优质资源，实现线上、线下教学的有机结合，满足不同学生的学业需求，也助力于教师对学生人格进行"内涵式"塑造和学生群体对自身开展"点单式"选课。另外，出于过程性考核要过程性留痕（宫慧英和孙慧，2019）的考虑，建设智慧平台在一定程度上基于施教"有方"的实现，在实现学业"过程性留痕"进而使教与学"相得益彰"上效果极佳。而系统化的测评方式，则便于促进学生的个性化发展。辅之以科学性强、开放度高和融通性好的评价体系建设，对于克服学生焦虑情绪和助其建立平稳心态，更是作用匪浅。

实践证明，智慧平台的构建不仅优化了评价机制，也有利于师生双方厘清自身角色担当，着力于科技与人文相融合的综合素养提升。同时，也在整体上更加增强了实践主体对于批判性思维能力的提升意识，促使他们以实际行动自

觉践行社会主义核心价值观，逐步建立起行稳致远的融合式育人机制和科学化运行体系。

因而，要进一步发挥智慧平台的有效作用，就要做好多方数据信息的采集和提取工作，对学生状况"知根知底"，对教师情况"理据分明"，以便完成信息高效传递，为双方有效互动提供参考和凭证。当然，还要发挥人工智能将理论认知和实践案例"融通并用"的聚合力量，以数据的"可追溯"反哺教学实践研究，以研究的"信实性"助力模式完善和路径拓展。再者，打造智慧平台，在实践应用上通过发挥科技引领作用，并适度延展其智能性和实效性，能够拓展"沉浸式"体验认知的有效路径，在很大程度上强化了伦理教育，提升了内涵素养，完善了顶层设计，起到了较好的警醒与保障作用，使育人有道、施教有方和应用有效。这就更加证明了接受新时代发展带来的新理念、新技术的重要性，也督促着研究团队认真落实立德树人根本任务，发挥智慧平台便利优势，通过积极开展关于人工智能技术和思政教育紧密融合的高效机制探索活动，接续提升实践认知水平，进而寻求到最佳契合点，"人机一体化"地构建实用价值高、适用层面广的"融合式"育人机制。

# 第四节　发挥融合生态效用，依托产业学院推进了综合建设进程

产教融合本身就是一个凸显融合性特征的生态系统，基于"三领三融"的应用型创新人才培育机制构建，自然也应遵循生态理念，在最大化发挥生态效用上出招卖力，在依托现代产业学院方面尽职尽责，以便在整体上更好地推进育人机制的综合性建设。在此结合青岛黄海学院二级部门创新创业教育学院的建设实践具体说明，以作"由小见大"的证明。

青岛黄海学院现已获批成为山东省应用型本科高校建设单位，作为其下属学院的创新创业教育学院，高度重视现代产业学院建设，将其作为推进产教深度融合、提升人才培养质量和提高多主体协同创新水平的重要载体，在体制机制建设、教育教学改革、产学研合作等方面持续发力，着力提高现代产业学院建设水平，有效推动教育链、人才链与产业链、创新链有效衔接，更好地服务于学校高质量发展。

为深入推进学校"十四五"规划落地，确保各项事业"争先创优"，创新创业教育学院以区域经济产业发展需求为牵引，不断深化综合评价改革和创新人才培养模式，先后与青岛榜上有名信息科技有限公司、青岛国合对外经济技术合作有限公司等龙头企业合作对接，签署了人才培养合作协议，共建高水平现代产业学院。作为直播电商现代产业学院和服务贸易现代产业学院的主要负责单位，创新创业教育学院近年来有条不紊地开展融合工作，且取得了一定的成果。

## 一、全方位的工作举措

为发挥融合生态效用，依托产业学院推进综合建设进程，创新创业教育学院在实施创新人才培养模式、提升专业建设质量、开发校企合作课程、打造实

习实训基地、建设高水平师资队伍、搭建产学研服务平台和完善管理体制机制等几个方面，实施了全方位的工作举措，且效果明显。

（一）创新人才培养模式

创新创业教育学院有效发挥区域产业优势，不断加强集产业人才培养、技术研发、社会服务、学科建设、专业互融于一体的现代产业学院建设，并突破对传统发展路径的依赖，充分发挥校企协同育人机制的辐射作用，建强优势特色专业，完善人才培养体系，构建实施行业入门指导+企业实践指导+专业深度指导+产业链条指导的新型产教融合育人模式，实现了高素质应用型创新人才"牵引式"和"链条式"孵化。

直播电商现代产业学院通过引入青岛榜上有名信息科技有限公司相关项目进入学校，积极开展项目一体化教学实践，不仅构建了多元化、开放式教学模式，更在校企深度融合方面开展实践研究。服务贸易现代产业学院则围绕服务贸易产业发展对于人才的多元化需求，与青岛国合对外经济技术合作有限公司签订人才培养协议，重点包括日语、机器人工程、机械设计制造及自动化、计算机科学与技术等专业的学生。以上做法聚焦了产业发展和企业需求，整合了校企双方的优势资源，构建了企业融入教学主体的校企协同育人模式，实现了校企共建、共管、共享和共赢。

（二）提升专业建设质量

创新创业教育学院立足行业、面向社会、强化应用、突出实践，以满足产业发展和学生创新发展需求为导向，围绕地方产业布局和自身实际，重点建设与地方产业链、创新链紧密对接的跨境电商、机器人工程、互联网金融等专业群，推进专业朝向集群化发展。创新创业教育学院改造传统专业、发展新兴专业、培育交叉专业，积极探索跨学科交叉融合路径，有效地促进支撑同一产业链的若干关联专业快速发展，建成一批高水平专业，实现了校企合作办学学科专业"全覆盖"。

服务贸易现代产业学院现有四个专业，包括日语、机器人工程、机械设计制造及自动化、计算机科学与技术。它们都是与服务贸易产业方向密切相关的专业，专业设置和培养目标紧密对接了青岛国合对外经济技术合作有限公司相应岗位需求。另外，学院将创新创业教育融入现代产业学院的专业化教学体系，所开设的《创业基础》课程实现了全校本科专业"全覆盖"。

（三）开发校企合作课程

创新创业教育学院适时更新课程建设理念，不断推进课程创新改革，校企共建了课程科学评价体系，并积极完善以质量为导向的应用型课程建设激励机制，鼓励教师和经验丰富的行业精英、企业导师一道，共同开发应用型课程和实践指导教材，建设适应新时代发展需求的一流应用型本科课程。《创业基础》课程现已获批成为省级一流本科课程（社会实践类）。学院联合企业，同步推进线上、线下、线上线下混合式和社会实践各类型校企合作课程建设，建立了覆盖专业核心课程的数字化资源平台，以此助力国家级、省级一流本科课程建设。

为增强毕业生参与就业创业实践与服务地方产业发展的契合度，创新创业教育学院提倡服务贸易现代产业学院按照企业在实际工作中对专业内容的具体需求，科学设置校企合作课程，使学生既能掌握专业知识，又能满足企业的实际工作要求。其中，日语专业学生在学习日语语言知识的基础上，增加了就业导向课程（医药方向），不仅促进了跨学科专业建设，也对课程开发和平台创建产生了推动作用。

（四）打造实习实训基地

创新创业教育学院加大平台建设的经费投入，并高效整合实验教学资源，面向多专业建设校级实验实训平台，面向全校建设生产性直播实训基地。并通过构建和完善校外实习实训基地管理和激励机制，提高实训基地的项目孵化和人才培育质量，为申报省部级以上层面的创新创业实践基地和示范性教育实践平台提供有力支撑。

服务贸易现代产业学院积极建设"双师双能型"师资培训基地，开展企业导师"入校进园"联合授课指导活动，建立健全了教师激励和约束机制，打造出一批高水平、创新型师资团队，建成了一批高水平、优质化科研创新平台。同时，创新创业教育学院积极统筹各类实习实训教学资源，建设兼具生产、教学、研发、创新创业功能的校企一体化、产学研创协同式实训实习基地，按生均计算占地面积超过了 5 平方米，有效提升了学生实践能力。

（五）建设高水平师资队伍

创新创业教育学院着力深化人事制度改革，激发教师活力和内生动力，助推了高素质、专业化、创新型师资队伍建设。强化教师思想政治素质、师德师风建设和注重数字化素养提升，为提高应用型创新人才培养质量、增强师生科研创新能力、服务经济社会发展整体能力提供了坚实保障。

服务贸易现代产业学院和直播电商现代产业学院发挥教师与企业双方的人才优势，根据年龄差异、学历背景、职称结构等，建立档案、匹配梯队，打造科学规范、理实一体、务实高效的应用型创新人才培养师资队伍，通过实施校企师资、员工"双聘互挂"机制，加大内外"招才引智"，加强人才"双向流动"，并注重向专业化、多样性以及应用型等方面倾斜，实行"特岗特聘"制度，强化校企联合打造"实战型"团队。现代产业学院将企业先进技术、社会优质资源引入本校，使有企业工作或实践经历的教师占比达到50%以上，其中承担专业课程的教师占比不低于80%，有挂职或定岗锻炼经历的高校教师超过现代产业学院专职教师数的20%。

（六）搭建产学研服务平台

创新创业教育学院对接青岛西海岸新区各个村镇街区，加大直播电商基地的建设力度，积极搭建产学研创一体化服务平台。直播电商现代产业学院对接了行业需求，整合了现有资源，推进了校企共建，形成了平台引领、项目驱动、科教互融、理实一体、协同创新的"师生共育"模式，满足了区域经济社会发展对于人才的实际需求。

为助力青岛西海岸新区乡村振兴，直播电商现代产业学院与灵山卫街道、六旺镇、藏马镇、海青镇等镇街签订战略合作协议，共建"农村电商直播基地"，与宝山镇白家屯村合作建立乡村振兴直播基地，并联合打造"回家吃饭"品牌节目，以短视频的方式记录原生态乡村美食和推介魅力乡村文化。直接电商现代产业学院搭建的大学生直播创业团队与乡村振兴衔接平台，实现了师生脚踏泥土进乡村，以实际行动"以小见大"地助推了乡村振兴和农业农村现代化建设，使产教融合、校地合作呈现了新面貌。依托直播电商现代产业学院，创新创业教育学院甚至整个学校都在兴起开展乡村题材短视频创作大赛、实施"乡村振兴黄海视角"行动的热潮，电商直播等相关专业师生用镜头讲述着新时期农民群众增收致富的故事，围绕乡村振兴、移风易俗等主题，创作了一批喜闻乐见的文化精品。

（七）完善管理体制机制

创新创业教育学院依托学校所设产教融合服务管理机构力量，遵从现代产业学院理事会的领导，并依照现代产业学院管理考核办法及配套制度要求，不断完善自建的现代产业学院运行机制。通过明确校企双方权利与义务，实行严格的合作企业准入和退出机制。基于行业企业的产品、技术和生产流程，积极拓展基于产业发展和创新需求的实践教学场域空间，营建良好的实习实训环境，切实提高人才培养契合度。此外，创新创业教育学院也主动推进校企共建实验室（研发中心）工作，围绕产业技术创新关键问题开展一系列协同创新活动。

直播电商现代产业学院和服务贸易现代产业学院聚焦学生中心、立足服务需求、坚持创新引领，通过建立"理事会+院长+工作专班"的管理机制，实行理事会管理下的院长负责制，并由政府和行业协会协调及监督，推进各项工作有条不紊运行。

**二、取得了骄人的成绩**

创新创业教育学院锚定高素质应用型人才培养，积极施策并不断深化产教融合的举措，有效推动了依托现代产业学院建设，使赛创一体和项目孵化等实际工作不断得到强化，并且成效显著，以较好的成绩赢得了口碑。

（一）人才培养质量得到提高

产教"一体化"协同育人实践，使服务外包人才培养取得了较好的效果。在创新创业教育学院骨干人员的努力下，学校在 2023 年 4 月荣获山东省服务外包协会评选的"2022 年度服务外包领军培训机构"称号；6 月通过复审，被认定为"2023~2024 年山东省服务外包人才培训机构"；8 月通过现场审核，获得"2023 年度外经贸发展专项资金（服务贸易事项）"支持。

毕业生就业率数据表明，现代产业学院建设工作初见成效。服务贸易现代产业学院以计算机科学与技术、机器人工程、机械设计制造及其自动化、日语4个专业为基础，联合企业深入实施赴日卓越工程师培养计划。毕业生就业率已达到90%，在同类高校排名位居前列。人才培养成效明显，用人单位对毕业生满意度达到95%。

（二）赛创一体工作成效显著

创新创业教育学院积极组织全校师生参与中国国际"互联网+"大学生创新创业大赛、黄炎培创新创业大赛、医养健康创新创业大赛、"市长杯"中小企业创新创业大赛等赛事。第九届"互联网+"大学生创新创业大赛吸引了12289个项目，有47839人次学生参赛，荣获省赛金奖2项、银奖20项、铜奖37项。在山东省大学生医养健康创新创业大赛中，学生荣获一等奖6项。在第七届山东省黄炎培职业教育创新创业大赛中，荣获省赛二等奖1项。在青岛市"市长杯"中小企业创新创业大赛中，荣获"最佳创意奖"1项。

（三）创新项目孵化成果丰富

创新创业教育学院不断改革应用型创新人才培养模式，完善大学生创新创业训练计划项目立项、中期检查和结项工作机制。按照设立的重点项目和一般项目进行层级遴选与进阶推送，推荐了253位教师入选山东省省创项目评审专家。截至目前，2023年度校级立项1223项，其中获批国家级立项43项、省级立项117项，获得国家财政支持经费79万元，位列同类高校首位。2022年度结题项目成果丰硕，共发表论文68篇，获得实用新型专利43件、软件著作19项、竞赛奖项41项、产品雏形6件，并注册企业2家。

**三、需解决的主要问题**

基于现实问题的存在寻求破解之法，是创新创业教育学院一贯崇奉的原则。为此，它坚持从实际出发，认识到校企双方合作机制不健全、产教融合效能激发不彻底等问题的严重性，并理顺了因果关系，力求探究症结之所在，为进一步创新发展扫平障碍。

（一）校企双方合作机制不健全

首先是组织架构不完善。现代产业学院为非独立法人二级学院，其组织架构基本脱胎或依附于学校的行政管理机构，法律地位不明确。其次是协同管理机制不健全。应用型高校的"泛行政化"管理体制与企业的市场化经营方式，造成了校企双方在开展有效合作与通畅沟通上存在着不足，致使两者在资源匹配、体制相融甚至理念认同等方面陷入了尴尬境地，影响了现代产业学院的运行效率和建设成效。

（二）产教融合效能激发不彻底

现代产业学院由于尚未建立实体化的管理机构和运行机制，致使企业办学主体作用发挥得不够充分，加之相关改革所需的人权、事权、财权保障不力，实训条件和教学资源投入不足，课程标准和教材内容先进性不够，校企共建"双师型"教学团队交互不畅，且在对接真实项目和实践案例的融合落地上存在难度，从而导致双方产学研创合作方面的"微弱无力"和人才培养模式构建的"相对虚浮"，无法发挥良好的资源集聚与示范带动效应，因而对于产业转型升级的支撑力度就会大打折扣，难以持续润滑融合式链条，更别提强劲推动产业高端化发展了。

**四、相应的建设性对策**

问题的有效解决，依赖于方法的"对号入座"。关注问题的客观属性，并以之为切入口，有针对性地施行建设性对策，有助于从外部寻求援助和从内部攻克难关。在这里，我们主要从现代产业学院运行机制的优化和产教融合链条的互相牵系两个方面着手。

（一）优化现代产业学院运行机制

创新创业教育学院坚持以实践育人为根本、以融合发展为要旨、以创新应用为目标的建设原则，着力强化多元主体协同、坚实有力地推进和科学高效发展的制度建设。相关措施既体现了激励机制的促进作用，也彰显出约束机制的规范成效。在整个建设过程中，创新创业教育学院不仅逐步完善了准入机制，也对退出机制进行了丰富和健全，同时也建立了科学、完备的绩效考核制度和利益分配机制，构建形成了校企实体化运作的正向循环与协同创新机制，规范了现代产业学院的办学行为，极大地增强了"自我造血"能力，提升了学校整体办学质量，也提高了实践育人效益和社会综合效益。

（二）促进教育链与产业链双向赋能

现代产业学院不同于以往的校企合作，重点不在于解决一校一企的合作问题，而是在于"以点带面"，通过政府主导、行业指导，龙头企业与高校共建现代产业学院，有建制、成体系、讲规模地推进产教深度融合，实现产业链、人才链、教育链和价值链的深度衔接。通过多边融通式教育和技术协作，共建技术技能创新平台，促使现代产业学院在人才培养、技术攻关、产品研发、成果转化、项目孵化等方面的功能发挥到极致，本着提高育人质量、提升服务能力的目的，竭尽所能破解产教"融而不合"、校企"合而不深"的顽症。

现代产业学院致力于培养具备创新思维和实践技能的高素质应用型创新人才，为产业发展和社会进步作出贡献，为产业升级和可持续发展提供强有力的支持，可以说，它在一定程度上对于培养极具国际竞争力的高素质人才，也会产生重大意义。今后，创新创业教育学院将着力加强这一载体建设，努力提升教育教学水平，确保学校高质量发展取得优质化提升和整体性突破。

综上所述，此部分内容主要研究的是如何着力发挥"实践引领"作用，基于"校地融合"进一步提升"一体化"育人实践成效，并辅以极具说服力的实践案例加以验证。鉴于"区域创新能力涉及区域创新创业的生态环境，包括人才环境、创新成果供给环境、创新文化环境和制度环境"（洪银兴，2015），围绕着"校地融合"的需要和"创业型"城市建设的愿景规划，做好真实场景应用、任务性驱动和项目化学习等实际工作，才能更好地为"校地融合"营造更加有益的环境，确保"理实一体"推进全面涵盖科技创新、理论创新、管理创新、实践创新等多种类型创新实践活动得以有效开展，以熔炼形成强力引领且成效明显的行动方案，进而为深层次实践及其持续性研究，提供更为新颖的可行性思路。

概括来讲，在"融合式"育人机制的构建方面，"三领三融"既是发挥强内核、重实效和广辐射等"引领作用"的革新思路，也是不断推进融合式、应用型和国际化育人模式的有力抓手，赋予了应用型创新人才培养以更为开放的视野和更加广阔的道路，凸显了"内化于心""外显于形""落地于行"的

"链条式"应用机理与综合实效。它不仅有利于进一步发挥"思政引领"效用，基于"专创融合"构建长效育人机制，还便于夯实"创新引领"的根基，强化"产教融合"路径拓展工作，进而促使应用型创新人才培养模式的构建和完善得到接续性深化，并不断增强连接点的密集度和提高延展面的粘连性，以在更加宽广、高远的领域空间高效发挥圈层引领作用。以上种种，自然也前所未有地提升了"实践引领"的综合功效，有助于更好地强化"校地融合"，使进一步提升应用型创新人才培养卓有成效。

# 第四章

## 应用型本科高校依托现代产业学院践行"三业融合"育人战略特色研究

  学业+产业+创业"三业融合"战略的实施，契合了新时代应用型创新人才培养的实际需求，是深化产教融合机制改革、熔炼人才孵化模式和铸造卓越工匠品质的有力抓手，也为进一步拓展专创融合育人路径、"外语+"平台思维和有效推行产教融合创新策略奠定了基础。本章结合青岛黄海学院依托现代产业学院的特色化建设情况，就此简易呈现，并辅以特色化典型案例以供参阅，旨在通过实效佐证，进一步"深化产教融合，促进教育链、人才链与产业链、创新链的有机衔接……"（教育部学校规划建设发展中心，2019）。

# 第一节　深耕"三业融合"沃土，铸造"双创"实践工匠

2023 年 12 月 29 日，"大国工匠"许振超事迹报告会在青岛黄海学院举行。作为全国劳动模范且被国务院授予"改革先锋"的许振超，曾带领团队创造享誉全球的"振超效率"。这位新时期产业工人的楷模，热情洋溢地讲述了"工匠精神"的内涵本质。他指出："工匠精神的本质就是尊重劳动""劳动者应该为有尊严的劳动努力奋斗""追求完美、一丝不苟是工匠精神常青的源泉"。他结合新时代中国特色社会主义现代化建设的背景，通过自己的亲身经历和案例解析，生动地诠释了新时代大国工匠精神的内在硬核，即爱岗敬业、一丝不苟、精益求精、坚韧不拔、攻坚克难、长期坚守、诚信为本、积极主动和严谨向上。许振超强调了"知识就是力量""学习改变命运""创新驱动发展"的质朴真理，鼓励师生勇做"大国工匠"，以工匠精神勤恳铸造未来，以匠人情怀脚踏实地工作，为实现新时代"中国梦"贡献力量。许振超表示，攻坚克难是从"平凡"走向"优秀"再到"卓越"的可贵品质，"有理想守信念、懂技术会创新、敢担当讲奉献"的新时代产业工人就要时刻保持青春姿态和创新活力，将"学习+实践"理念和"拼搏+创新"精神融入生活常态，在平凡的岗位上创出不平凡的业绩，成为"学习型、知识型、创新型"当代产业工人的杰出代表。

工匠精神的精髓从以上所述可见一斑。现结合青岛黄海学院力推"三业融合"战略实践，对其提升应用型创新人才的关键特征做出解读，并凸显一核引领、两翼协同和三业融合的创新要点。

首先，关键特征主要体现在契合青岛市创建国家级创业型城市定位，熔炼匠心文化内核，坚持以学业+产业+创业贯通学业、连接企业和顺接产业，推进全要素、深融合、强支撑的匠心文化传承体系建设和工作室制匠心名师培育

模式实施，提高了人才培养与社会需求的适应性。而创新要点，则主要体现在基于"四文化"融合育人特色和"三全三制"保障机制，推行"三领三融"实践措施，发挥"三体支撑"辐射效用，通过应用型人才培养"一核引领"、专创融通、理实贯通"两翼协同"和学业+产业+创业"三业融合"，实施"四化联动"的工作室制项目化培育模式，助力区域经济社会发展。

## 一、引言

青岛黄海学院秉持"知行合一"校训，锚定应用型人才培养目标，深耕学业+产业+创业"三业融合"沃土，不断发扬以传统文化培根育人、以红色文化铸魂育人、以工匠文化实践育人和以创新文化协同育人的"四文化"融合育人特色，基于全要素、深融合、强支撑的"院园合一"校企协同育人机制，着力提升学业汇智、产业聚能和创业助行综合效用，打造一批专创融合素质高、创新引领成效好、创业辐射作用大的新时代工匠。

学校依托 13 个现代产业学院，发挥工作室载体和项目化培育模式的真实场景浸润作用，着力赋能产教融合、校地融合和科教融合，为助推区域经济社会发展培育高质量应用型人才。现已培育出省级创新创业教育导师库专家 16 人、山东省产教融合创新创业先锋 1 人，青岛西海岸新区拔尖人才 5 人、优秀青年人才 4 人和"最美同心使者" 1 人，并吸纳 1562 名各界专家组建创新创业导师库，指导建成 140 余家工作室，打造出国家级重点服务团队"雷小锋"种子工程志愿服务队、省级高校青创人才引育计划立项建设团队和省级教育先进集体、省级大学生思想政治工作先进集体、省级高校黄大年式教师团队等共 5 个，为社会培育了一大批优秀双创实践工匠，经验在山东交通学院、山东女子学院、青岛城市学院等 41 所学校推广。

学校实施工匠名师工作室引领工程建设规划，获批省级一流本科课程 11 门、本科教育思政示范课程 1 门，并发挥作为国家级众创空间、省级大学生创业孵化示范基地、省级创新创业典型经验高校和省级服务外包人才培训机构等的综合作用，成功申报山东省创客之家、省级现代产业学院和青岛市青年创新创业基地等。学校不断熔炼工匠精神和整合核心资源，于振邦撰写的

《院园合一的协同机制》《产教融合机制下以"专创融合"为抓手促进"应用型"转型》《实施"三业融合"育人战略，培育"敢闯会创"应用型人才》等案例，连续三届参加教育部产教融合发展战略国际论坛（IFIE），入选教育部首批产教融合实训基地案例集并受到教育部原副部长鲁昕的大会推介，其中"三业融合"特色案例入选第八届论坛"四个一"线上巡展活动，接续实现了学校应用型人才培养由协同机制引领到集群化推进再到生态圈辐射的"三连跳"。

具体如图 4-1 所示。

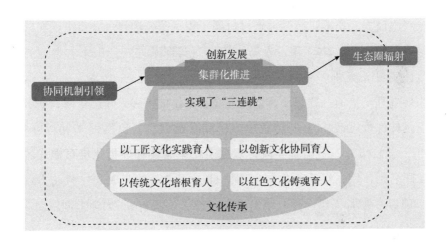

**图 4-1 匠心文化传承与创新实现"三连跳"**

## 二、匠心文化传承创新研究

学校厚植匠心文化土壤、深蓄匠心文化内涵，瞄准应用型人才培养目标，就其传承航道、创新路径和机制体制展开深入研究。一年来，学校出版相关著作 3 部，发表核心论文 2 篇，获批《基于"三业融合"的应用型本科创新创业教育模式实践》《基于导师制的大学生创新创业能力培养与实践研究》等教育部高教司产学合作协同育人项目 3 项，成功申报部省共建国家职业教育创新发展高地理论实践研究课题《山东省学分银行建设研究》1 项、省级课题《应用型高校产教融合体制机制创新研究》《应用型高校"四文化"融合育人体系的研究与实践》《"三业融合、三维互动"的船舶与海洋工程专业人才培养体系研究与实践》《基于工作室的应用型本科创新创业教育模式研究与实践》《基于"五维四融"的工程造价专业应用型人才培养体系研究与实践》5 项。2020 年荣获山东省高等学校人文社会科学优秀成果二等奖和山东省高等学校优秀科研成果（思想政治教育类）二等奖各 1 项；申报《职业院校工匠精神培育载体与路径——以青岛地区职业院校为例》成果，荣获青岛市市级科研成果二等奖。2021 年，申报《"院园合一"机制下基于工作室的跨境电商人才培养实践》成果，荣获山东省教育科学优秀成果二等奖。2023 年 12 月，申报乡村振兴电商人才培养示范基地暨村村播工程示范校项目，获得全国乡村振兴产教融合联盟立项。2024 年，青岛跨境电商实训基地入选山东省普通高等学校示范性实习（实训）基地公示名单。

为促进理实贯通，赛教一体地推进匠心文化传承和人才培育模式研究，学校不断延伸课程思政内涵辐射功效，坚持以赛促教、以赛促学和以赛促创。2021 年，学校作为"中国高等教育学会创新创业教育分会"会员单位，聚力发挥工匠名师作用，组建师生同创团队打造了"蓝领匠成农村劳动力赋能一体包"项目，参加"建行杯"第七届山东省"互联网+"大学生创新创业大赛荣获金奖。

学校基于"三业融合"广泛推进实践研究，积极申报"平台助农创业增收""智能汽车绿动未来""维护口腔健康　增进全身健康"等山东科学大讲堂项目，获得山东省科学技术协会立项。通过活动承办和经验推广，学校在较大范围和广阔空间传播了匠心文化精髓和学术创新内涵，为有效提升社区群众科学素养发挥出较好的助力作用。

### 三、实践探索

学校紧密贴合青岛市创建国家级创业型城市的发展定位，着力提高人才培养与社会职场需求的适应性，并坚持以学生专业品质熔炼、创新意识增强和创造能力提升为逻辑起点，积极推进全要素、深融合、强支撑的工作室制匠心名师培育模式改革，现已基于"院园合一"机制搭建了一体化、接续性和生态型双创教育实践平台，为服务区域经济社会发展培养了大批时代工匠，并推衍形成了国际化、多元化、矩阵式、生态型的产教深度融合、校企紧密合作实践育人模式。

（一）"三全三制"，构建匠心文化传承与创新教育保障机制

学校通过构建和完善"全员参与"的组织领导体系、"全程覆盖"的教育教学体系和"全方位落地"的文化服务体系，深入推进创新创业文化体系建设工作有效开展，并结合产、学、研、创、训等实际需要，熔炼并创新工匠文化与中华优秀传统文化、红色文化和创新文化的联动协调机制、学院+产业园"院园合一"的校企协同育人机制和"四文化"融合育人工程建设专项资金资助机制，为培育极具创新意识、创造能力和创客精神的新时代工匠提供坚实后盾和可靠保障。2021 年 3 月，学校《院园合一的协同机制》案例入选教育部首批产教融合实训基地优秀案例集并获得证书（编号：2021SXJD01018），辐射影响深远。

（二）"三领三融"，实施匠心文化传承与创新生态赋能举措

学校坚持与时俱进，充分发挥"双师双能型"工匠名师的示范带动作用，积极实施"党建引领、校地融合""创新引领、产教融合""实践引领、理实融合"战略，通过"打包式"推介各级双创实践政策、"造血式"扶持专创融合项目、"接续式"促进科技成果转化和"追溯式"验证文化育人成效等，汇聚工匠、吸纳技师等应用型人才并深入服务地方产业振兴，为搭建区域乡村振兴新平台、拓展现代乡村产业新业态和构建乡村人才培养新模式，做出了应有贡献。目前，学校已与青岛西海岸新区六汪、大场、海青、灵山卫等乡镇（街道）联合成立了乡村振兴学院，与青岛市人力资源和社会保障局共建青岛市工业互联网技能培训基地，所开展的上汽通用五菱"千名员工技能再提升培训"成为"以匠心育精英"的典范项目，口碑极佳。

（三）"三体支撑"，推行匠心文化传承与创新教育实践模式

学校以学生为主体、以工作室为载体、以现代产业学院为母体，深入推进工匠文化育人特色融入各专业教育教学之中，并高效贯穿于"三业融合"育人实践过程，通过深挖工匠文化的时代价值和内涵精髓，充分发挥专创融通、

理实贯通的"两翼"协同作用，打造卓越工匠文化育人特色的模块化课程体系，使思政引领有温度、内涵滋养有底蕴、专业实践有深度和创新创业有激情，以此推进工匠文化进课程、进课堂、进实训室，涵育了师生善美品行，滋养了创新发展特质，凸显出"品质锻造、人才孵化、技能提升、匠心熔炼"的四梯度递升实效。

（四）"四化联动"，完善匠心文化传承与创新品质熔炼体系

学校为深度构建匠心文化传承与创新体系，集聚校、政、行、企四方联动合力，发挥专创融合工作室场域空间的综合效用，坚持思政引领，通过强化立德树人实现课前与课后相渗透、知识与应用相衔接和素养与技能相协同；坚持产教融合，通过深化协同育人实现校企紧密合作、科创强效融通和校地深度融合；坚持多维拓展，通过优化机制育人实现卓越师资锻造、课程体系重塑和人才资源共享；坚持专创融合，通过催化创新育人实现产、学、研、赛同步并进和教、孵、创、用交互融汇。学校目前已联合中国石油大学、西海岸新区人力资源和社会保障局、山东省和青岛市跨境电商协会，以及华为集团、山东网商科技集团有限公司、蓝鸥科技有限公司等，成熟构建了理实一体、赛孵一体、研学一体、科教一体、思创一体"五维融通"的工匠文化继承体系，为助力青岛西海岸新区文化建设和青岛市国家级创业型城市建设规划提供了可参照方案。

## 四、育人成效

学校通过深耕"三业融合"沃土，深熔工匠文化内核，高效能打造出新时代工匠实践育人平台，并通过强化职业素养教育，培养了一大批市级技术能手、齐鲁首席技师、省级教学名师、全国操作能手、泰山学者和泰山产业领军人才等。学校获评为山东省应用型高校、青岛市高技能人才培养基地、青岛市青年创新创业实践基地等，涌现出刘培学、曾实现、薛蕊、王瑞峰、李华光、宋爱利等20余位卓越工匠和实践名师，并发挥示范引领作用，培育了刘隽巧、修文森、曹文屹、王火、王大志等以创新引领创业、以创业带动就业的优秀学生典范。近年来，学校已为青岛创业型城市建设发展输送了14万余名高素质

应用型人才，社会认可度高，辐射影响力大。

（一）育人显成效，学校有口碑

《人民日报》、人民网、中国教育新闻网、凤凰网、大众网、山东教育新闻网、《青岛日报》等数十家媒体多角度报道了学校基于工匠文化熔炼推进双创工匠培育、现代产业学院建设和服务地方发展的良好成效。自 2020 年 5 月《人民政协报》刊发《青岛黄海学院：四文化融合培养高素质应用型人才》的文章以来，学校继续坚持以内涵发展提升工匠名师协同培育实效，2021 年以来又组建团队"抱团"指导学生参加"互联网+"大学生创新创业大赛，共荣获省赛金奖 2 项、银奖 20 项、铜奖 37 项。近年来，在工匠名师的指导下，学校共获批"国家大学生创新创业训练计划项目"国家级立项 40 项、省级立项 118 项的优异成绩。学校自 2018 年跃居中国民办大学创业竞争力 300 强榜首至今，已吸引 4786 名各界人士来校参观，广泛交流了"以匠心文化培育卓越名师"的成功经验。

（二）融合成常态，辐射有深度

学校"融合式"培育双创实践工匠的理念，已"遍地开花"。2021 年 5 月 21 日，提报发扬工匠文化特色提升"三业融合"实效的成果材料入选第 56 届中国高等教育博览会"献礼建党 100 周年——全国高校创新创业成果展"名单；6 月 23 日，中国教育新闻网、大众网等媒体报道了学校依托工匠力量和发挥集群效用，校企共建跨境电商现代产业学院、服务贸易现代产业学院、直播电商现代产业学院等八大现代产业学院的新闻，有力地推广了学校聚力"匠心"打造构筑全要素、深融合、强支撑的产教融合新生态经验，并对发扬工匠精神、依托现代产业学院启动跨境电商、媒体与创意、商务大数据技术等 13 个"小而美"微专业的实效做法做了推广介绍，辐射效用明显。12 月 27 日，学校联合中国航天科工二院 208 所，携手共建了"新时代红色文化实践教育基地"，有效拓展了工匠文化深融路径及其精神传递的信美航道。

**五、工作展望**

青岛黄海学院作为一所应用型本科高校，主动适应区域经济社会发展需求，深耕"三业融合"沃土，通过"三全三制"保障机制、"三领三融"赋能举措、"三体支撑"实践模式、"四化联动"熔炼体系等实践，着力克服内涵建设浅层次、课程设置边缘化、教学改革低迷化和师资建设单一化等现象，不断提高人才培养与社会需求的契合度、适应性，增强了专产融通、师生同创和产教融合综合实效，培养了一大批高学养、重实践、能创新的匠心名师。未来，学校将凝心聚力，筑基强体，继续围绕高素质应用型人才培养，坚持德育为先、能力为重，深入实施质量立校、人才强校、特色兴校和合作办校战略，走内涵提升、特色发展和创新应用之路，为国家和社会培育更多专精至臻、行稳致远的新时代工匠。

# 第二节　应用型本科高校产教融合体制机制创新实践研究

在实践策略上，应用型本科高校深化产教融合体制机制研究，应体现出以下几个"创新"，即顶层设计原始创新、孵化机制融合创新、优化路径接续创新、推广经验实践创新等。2023 年 10 月，由青岛黄海学院梁忠环教授主持、于振邦和谭春波等完成的山东省教育科学"十四五"规划 2021 年度一般资助课题"应用型高校产教融合体制机制创新研究"（课题批准号：2021YB043），凸显了产教一体化机制、专创融合育人模式等特色效用。现将这一案例的主要内容介绍如下：

## 一、核心内容

鉴于产教融合落地举措不实、机制不完善、平台不健全等现状，此项研究聚焦于产教融合体制机制创新，探究高效运行和优化发展模式，为促进应用型高校内涵发展和提高人才培养质量提供行动方案。研究以"三重螺旋"理论为指导，遵循需求导向、政策导向、问题导向和质量导向的逻辑机理，以青岛黄海学院为例，将落脚点放在如何培养应用型人才上。通过建立以现代产业学院为组织单位、以工作室为基层组织形态、以校企共建"微专业"为载体、以企业项目为纽带、以项目化教学为实施手段等的产教融合体制机制，实现以链建群、以群建院、以院建园、以院园建现代产业学院与专业学院的"双院合一"及二级学院+产业园"院园合一"，促成教育链、人才链与产业链、创新链"四链衔接"。研究以打造产教融合人才培养实体为抓手，构建"1+1+1+N"产教融合机制，每个现代产业学院深度对接 1 个市级以上行业协会、科学院所、产业园区和 N 家合作企业。形成"1+1+N"产教融合运行体系，以工作室为载体推进基层运行组织和教学模式融合创新，校企共建 1 个现代产业学院和 1 个产业园，建成 N 个"蚂蚁兵团"式工作室，以项目化教学为主要形式，让产教融合、校企合作从"知"走向"行"，实现了"五深度融合"和"六共育人"。

## 二、主体部分

### （一）研究问题

第一，研究目的。此项研究旨在建立以现代产业学院为组织单位、以工作室为基层组织形态、以校企共建"微专业"为实践载体、以企业项目为连接纽带、以项目化教学为实施手段、以理事会为组织架构、以相关制度为基本保障的产教融合体制机制，为实现教育转型、机制创新和数据治理"助力提能"。通过"以链建群""以群建院""以院建园""以院园建现代产业学院和专业学院"的"双院合一"和"二级学院+产业园""院园合一"等方式方法，着力探索更见实效和更有推广价值的应用型人才培养路径，形成提高应用型人才培养质量的具体行动方案，以便更好地实现从"以教师为中心"到"以学生为中心"的转变，摒弃"以教定学"的旧思维，营建"以学定教"的好风气，最终达到促进教育链、人才链与产业链、创新链"四链衔接"的目的。

第二，研究意义。首先是研究的时代价值与现实意义。时下产教融合已被赋予了重大的历史使命和崭新的时代内涵，在战略方面更成为助推产业融合发展、校企协同发展和人才创新发展的得力举措。虽然近年来各地基于产教深度融合、校企协同发展陆续开展了不少的实践探索，但苦于缺乏灵活变通的运行体制和适用可行的孵化机制，而几近陷入困境，致使在产业发展方面动力不足、教育实践领域难以破局等现象多有出现。尤其是对于应用型高校，人才培养体制机制依然相对僵化，加之模式单一低效、路径狭隘寡淡，根本难以契合于真正满足企业岗位的实际需求，也无法跟得上市场化竞争的"快节奏"。此项研究聚焦精准且迎合需求，对于推动高校人才培养和职场岗位需求有效衔接功不可没，不仅能够驱逐单一的人才供给模式，更注重使学生的知识认知和应用技能贴合于企业岗位实际需求，也"理实一体"地助推了各学段人才培养质量的有效提升，落地了实践方案，满足了多方需求。而且产教融合体制机制的创新有利于将校企协同创新推向极致，不仅极其重视产教融合，也更加看好技术创新和机制创新，从而为营建良好的产业升级换代与校企协同创新环境创造了有利的条件。另外，新时代高校人才支撑的后劲和内生动力需要在产业化的整合衍生中不断"推陈出新"，产教融合体制机制创新将学科专业知识和科技创新、网上创业以及文化创意延伸到企业化运营的场域空间，使高校的知识汇流、信息汇聚、技术汇合、人才汇集，在整体上对于产业优化升级和学术创新增收能够起到"双效提升"的实际效用。

其次为研究的学术和应用价值。此项研究以应用型本科高校推进分类评价、实现科学定位并办出特色和水平为背景，有利于实现此类高校从研究型学术高校模仿赋值的话语体系中突围，进而"理实一体"建立特色化明显且适用性较强的产教融合高质量发展路径。研究针对性较强，便于形成应用型本科高校认可的产教融合体制机制实践常规性模式，引导它们关注内涵建设、深化产教融合，凸显战略导向性。此项研究成果对于应用型本科高校的创新发展极具指导价值和现实意义。不仅能够助其摒弃"单打独斗"的做法，转向校、政、行、企"四方联动"发力；也使其锁定产教融合综合体建设，由单纯的"1+1"模式走向了"1+1+1+N"模式，以"真融合""大范围""实体化""产出型"等重新定义产业转型升级和应用型高校教育。在实践应用上，产教融合体制机制的全方位构建和智能平台的多元化建设汇聚了多主体优势资源，对于打造产教共同体、校企共同体和利益共同体"三体"奠定了基础和创造了条件。

第三，研究假设。此项研究假设简单易行，可操作性强，整体上遵循知行合一、理实一体原则，且能够在实践中得到验证。为确保研究过程的正向而行，此项研究的变量数据能够被适时观察和加以测量。研究主题源自教学管理和实践教学的真实体验和实际认知，其相关变量数据基本被锁定在应用型高校的产教融合体制机制创新上，研究框架清晰可见且毫无笼统赘余之感。在内容上，主要研究如何基于现状进一步取得实质性的突破，具体解决产教融合实践落地举措不实、体制机制构建不完善、孵化平台打造不健全等实际问题。尤其是将研究的视野进行适度放大，使研究的外延得以顺势加长，以青岛黄海学院为例，聚焦于如何特色化培养应用型人才。此项研究将视角投射到建立现代产业学院上，以之为组织单位，辅以诸如乐行—朗威跨境电商工作室、智能创新工作室、机器人创新工作室等的师生同创、企生共创、学生自创多形式工作室基层组织形态，产教一体化校企共建"微专业"载体，企业项目纽带和任务驱动型项目化教学手段等，构建和完善了产教融合体制机制，力主实现"双院合一""院园合一"，最终可促成教育链、人才链、产业链、创新链的"四链衔接"。此项研究定位遵从客观实际，目标固定集中，实效以小见大。可具体到通过建设产教融合人才培养实体构建"1+1+1+N"产教融合机制，并形成"1+1+N"的产教融合运行体系，以工作室为载体推进基层运行组织和教学模式融合创新，以此实现项目化、驱动式教学，并促使产教融合、校企合作逐步走向"知行合一"。

第四，核心概念。核心概念主要有应用型高校、产教融合和体制机制创新。首先是"应用型高校"，这里的"应用型"是和"研究型""职业技能型"并驾齐驱的高等教育类型。应用型高校主要从事的是本科以上层次的应用型人才培养，所育人才未必都是奋战在一线的技术人员，更应该是利用所掌握的综合知识和实践技能推动行业发展和社会进步的"先锋"力量，不仅服务于经济社会发展的实际需要，也以社会发展与科技应用等研究为主要方向。其使命恰恰在于通过瞄准区域经济社会发展的实际需求，培养具有核心竞争力的应用型人才。其次是"产教融合"的概念，主要是指职业院校根据所设专业积极构建"专产相接、产教一体"的人才培养模式，并将科学研究、技术服务、质量提升、就业创业和社会责任等纳入院校优质化发展和企业创收盈利的全过程，进而实现校企深度合作，更好地服务于区域经济社会发展。在应用型高校所开展的"产教融合"，同样具有融合性、协同性、创新性等诸多特点，实践价值不可小觑。最后就是"体制机制创新"的概念，即基于某种目标的实现，或为了解决特定问题，在一定的实体机构、社会组织内部所制定的系统化规章制度和精细化流程方法，这一概念具有系统性、一体化和科学性等特点，厘清其内涵深意极其重要。作为内部管理的核心板块，体制机制能够建立行之有效的约束圭臬，能够推动机构审计、风险管控和绩效评估等活动的科学化、一体化和规范化开展，对于组织或机构的运转效率及成效提高影响深远。具体到体制机制创新，则是基于各种权益的平衡或实现，遵从于机构全体上下的内在需求和工作满意程度。实现体制机制创新，可通过优化资源配置，使人、财、物"合力增效"，让效益和效率得到最大化提高，同时也要考虑到优质化素材的充分利用和可再生资源的循环应用。

（二）研究背景和文献综述

第一，研究背景。对于相关背景及研究问题的提出，国家相关政策早就指明了高校发挥自身优势，推动转型发展，聚焦于产教融合和校企合作的办学思路。《教育部 山东省人民政府关于整省推进提质培优建设职业教育创新发展高地的意见》则明确提出"建设产教深度融合的校企命运共同体……以产教融合示范区（园）为平台，推动区域形成兼具人才培养、生产服务、技术研发、文化传承、科学研究等功能的校企命运共同体"。《现代产业学院建设指南（试行）》的文件，也提到一体化打造集产学研创用等一体化人才培养创新平台的实效价值。《国务院办公厅关于深化产教融合的若干意见》又提出通过提高行业企业参与办学程度，健全多元化办学体制和全面推行校企协同育人的重要意义。从中不难看出，促进校企紧密合作、实现产教深度融合、打造产学研创一体化机制等，着实需要在理论研究和实践探索两个方面做出不懈的努力。

国内外研究现状：产教融合是普通本科高校向应用型转变的路径和抓手，这一重要论述在学术业已达成共识并得以广泛和深入研究。通过产教融合平台的构建，助推地方应用型本科院校人才培养质量的提升。产教融合的内涵主要包括专业与产业对接、学校与企业对接、课程内容与职业标准对接、教学过程与生产过程对接，实现途径是要素整合和契约合作。如何从"校企合作"到"产教融合"甚至"产教一体化"飞跃，仍是学术界理论思考和实践探索的问题。产教融合的理论依据是基于"三重螺旋"理论，在学理依凭上：整合论是产教融合的哲学统驭，协同论是产教融合的合作机理，场域论是产教融合的跨界基础，资源依赖理论是产教融合的逻辑依据。产教深度融合的动力机制是互需，互动机制是协作，共享机制是多赢。产教深度融合的实施策略是理念文化融合、体制机制融合、模式创新融合、专业对接融合、课程深化融合。在实践探索上，构建对接地方产业链、创新链的应用型专业集群。基于现代产业学院机制的产教融合人才培养模式、应用型课程体系、创新创业教育、实践教学改革、双师双能教师队伍建设、学生发展与价值增值研究、质量监控与保障等方面研究与实践纷至沓来。学者们主要从模式及实施路径、人才培养、平台建设等方面对应用型本科院校产教融合进行研究。但研究角度存在不足，未来应在一般性规律和理论研究、定量研究与实践、微观层面落实推进，尤其在二级学院和课程转型等方面加强产教融合研究与实践。通过知网搜索发现，国内研究以大而化之谈产教融合理念的较多，聚焦到每个具体专业、以某某专业为例研究产教融合和校企合作的也有不少，但聚焦到二级学院谈产教融合实操的较少。目前现代产业学院建设是个热词，但二级学院与现代产业学院之间是什么关系，理论界定和实践探索都在路上，需要二者进一步融合发展。在我国高校二级学院是个实体办学单位，研究和践行产教融合绕不开二级学院，需要调动二级学院的积极性，发挥二级学院的首创精神，才能将产教融合从口号、蓝图变为行动、现实。国外对于产教融合的研究，主要集中在理论研究和组织模型研究两个方面。日本的"产学合作"强调应用型教育特色、突出专业课程设置的灵活性与实践性、重视产学协作的共同教育以及注重"双师型"教师队伍建设。新加坡的"教学工厂"人才培养模式是一种将先进的教学设备、真实的企业环境引入学校，将现代企业的生产、经营环境融合到学校的教学活动中，形成学校、实训中心、企业"三元合一"的综合性教学模式，其主要特征是专业设置以市场为导向、项目教学贯穿始终。产教融合校企合作办学模式比较成功的典型范例还有德国的"双元制"模式、澳大利亚的"TAFE"模式、美国的合作教育模式等。

第二，国内外相关研究文献综述。

一是理论基础：此项研究以"三重螺旋"为理论依据。美国社会学家亨利·埃茨科威兹提出，政府、企业与大学是知识经济社会内部创新制度的三大要素，它们根据市场要求而联结起来，形成了三种力量交叉影响的"三螺旋"

关系，激发创造出各种"混成组织"。整合论是产教融合的哲学统驭，协同论是产教融合的合作机理，场域论是产教融合的跨界基础，而资源依赖理论则成为产教融合的逻辑依据。产教融合的动力机制是互需，互动机制是协作，共享机制是多赢。实施策略是理念文化融合、体制机制融合、模式创新融合、专业对接融合、课程深化融合。马克思曾说，生产劳动同智育和体育相结合，它不仅是提高社会生产力的一种方法，而且是造就全面发展的人的唯一方法。通过建设和运营现代产业学院，能够营造学场+职场"一体化"应用型人才成长场域。

二是相关研究成果：王中教和顾永安分析了建党一百年来我国高等教育"产教共生关系"的演变，党领导下的政府在"产教共生关系"中发挥着不可替代的作用。柳友荣、项桂娥和王剑程认为，产教融合是实现应用型本科院校自我发展及服务地方经济发展的重要途径，应用型本科院校产教融合包括产教融合研发、产教融合共建、项目牵引、人才培养与交流四种模式。庄西真认为，产业系统与教育系统在运行机制、发展策略、行动准则、改革方式以及主体构成等方面有着较大的差别，需要在产权保护、风险分担、点面合作、问题导向和互益组织五个关键点上取得突破，实现资源融通、供需协调、利益融合和愿景统一的产教融合理想图景。谢笑珍从系统论与整体论视角，运用多学科理论，从三个层面设计"产教融合"机制：宏观层面，国家产业系统与高等教育系统间的融合机制设计；中观层面，区域产业集群与区域学科集群之间的融合机制设计；微观层面，"产教融合"集成创新的高等教育机制设计。毛才盛和田原从共生理论视角探究地方应用型本科院校产教融合发展路径，探讨院校、政府和企业三者在融合发展过程中的共生关系。顾永安和范笑仙认为，专业集群是我国应用型院校、职业院校的一种专业治理结构，建设现代产业学院是产教融合深入推进的一种新的组织形式。东莞理工学院探索了新工科现代产业学院，实践途径在于构建多主体协同治理结构、以课程为链接推动学科专业交叉融合、有序有效嵌入多方资源优化人才培养过程、聚焦复杂工程问题能力改革学习评价。吉林动画学院探索实行"学研产一体化"教育模式，所有学生从大三开始全部进入"学产对接实践教学平台"学习。目前，产教融合研究角度不够全面、研究内容不够深入，应在一般性规律、定量研究与实践、微观层面落实推进。相对于国内而言，国外对于产教融合的研究，则主要集中在理论研究和组织模型研究两个方面。日本的"产学合作"强调应用型教育特色、突出专业课程设置的灵活性与实践性、重视产学协作的共同教育。新加坡的"教学工厂"人才培养模式是一种将先进的教学设备、真实的企业环境引入学校，将现代企业的生产、经营环境融合到学校的教学活动中，形成学校、实训中心、企业"三元合一"的综合性教学模式，特征是专业设置以市场为导向、项目教学贯穿始终。产教融合办学模式比较成功的还有德国的"双元制"模式、澳大利亚的"TAFE"模式、美国的合作教育模式等。

（三）研究程序

首先是研究设计。此项研究以提高应用型人才培养质量为出发点和归宿。在服务区域经济社会发展和满足行业产业企业需求中，通过创新和完善产教深度融合、校企协同育人的创新体制机制，提高应用型人才培养质量。坚守初心使命，以校企需求供给互补为基础，搭建产、学、研、创、训一体化平台，构建应用型本科高校组织新生态，精准培养行业产业所需人才。

研究以需求导向、政策导向、问题导向和质量导向为建设逻辑。基于国家产业转型升级、山东新旧动能转化、青岛重点产业发展和新技术、新产业、新业态、新模式对应用型人才的市场需求，需要探索产教融合共同体建设；基于国家产教融合、现代产业学院、创新成果转化转移等政策要求，需要搭建产教融合的长效机制；基于应用型高校模仿学术型高校的问题现状，需要改革应用型高校组织结构；基于应用型人才培养适应性不强，通过教学做一体化改革，切实提高人才培养质量。遵循国家政策驱动、区域产业需求牵引、产学融合创新的建设逻辑，按照共享与融合、跨界与耦合、服务与自洽、规范与自主的建设原则，与地方政府、行业协会、地方企业共建共管共享区域特色鲜明、产业针对性强、功能复合性的现代产业学院、产业园、工作室等，构建产教融合新形态。

研究地方性、应用型、体验式和创新型等组织特征。形成突出地方性、强化"适应"主题，突出应用型、强化"协同"主题，突出体验式、强化"生动"主题，突出创新型，强化"未来"主题的人才培养体系，推进应用型人才培养环境职业化、教学情景化、内容项目化、导师双师化和成果显性化，切实提高应用型人才培养质量。

此项研究以青岛黄海学院为例，探索应用型高校的育人体系建设。主要基于"院园合一"校企协同育人机制，完善以链建群、以群建院、以院建园等应用型高校建设路径，并创新"1+1+N"的产教融合运行育人体系，即共建1个现代产业学院和1个产业园，并建设N个"蚂蚁兵团"式工作室。建设现代产业学院、工作室、产教园区、孵化基地等产教融合组织形态和合作平台，开展企业课堂教学形态建设，形成共商、共建、共享的运行机制，打造高效能、创新型师资团队，实施工作室制人才培养和项目化教学改革，深化理论研究、实践探索、案例分析和对策研究，构建校地融合、产教融合、科教融合、思创融合的融合式育人体系。

研究的重点和难点问题：此项研究的重点在于探索产教融合共享、共赢机制的利益点。基于"利益契合"分析框架，建立"制度—机制—责任"协同治理策略，形成共商、共建、共享、共赢机制。研究的难点则在于产教融合体制机制的落脚点——如何落实到应用型人才培养上。政、校、行、企"四元"主体协同构建实践、实战、实效、实际"四实"治理体系，以创新、创业、创意、创造、创客"五创"为抓手，建设现代产业学院、工作室，深化项目化教学，提高育人成效。

其次是研究对象。此项研究聚焦于产教融合体制机制创新，服务于应用型本科高质量发展。以产教融合为建设的突破口和高质量发展的重要路径，着眼于体制机制创新模式与适用路径的研究。鉴于当前产教融合落地举措不多、不实、不持久和长效机制不够完善、平台不够健全等现状，探究产教融合体制机制高效运行和优化发展模式，将研究对象锁定在应用型高校的体制机制创新上，其目的在于为促进、提高应用型本科高校内涵发展和人才培养质量提供切实可行的行动方案。

再次是研究方法。根据研究内容情况，研究组主要采用了政策分析法、问题研究法、质性研究与定量研究相结合的研究方法。

对于政策分析法，研究组通过深入学习贯彻产教融合政策、应用型本科高校建设政策、国家人才政策、国家战略和区域发展政策，掌握精神实质，并将其落实到产教融合体制机制创新上。对于问题和策略研究，研究组针对应用型本科产教融合机制没有建立起来或运行效果不佳、落实不到位的现状，进行问题对策分析并对中西方进行对比研究，坚持走自己的应用型高校产教融合体制机制创新之路。打破传统的合作专业、共建实验室、共同开发教学资源的校企合作定势思维，本着产教一体化目标和融合创变思维，建设产教融合人才培养实体。通过现代产业学院+产业园"院园合一"搭建产教融合平台，构建产教融合的融合物理空间，落地到工作室这个产教融合基层组织，通过项目化教学实现行业企业进学校、行业企业人员进课堂、行业企业主流岗位技能进课程、企业项目进工作室。基于"利益契合"分析框架，通过"制度—机制—责任"协同治理策略，解决办学管理的主导权与自主权的冲突、教育供给的公益性与私益性之间的冲突、利益主体的投入成本与预期收益的冲突，构建"校地融合、产教融合、科教融合、思创融合"的融合式育人体系，形成构建产教融合的动力机制。对于使用量性研究与质性研究相结合的研究方法，研究组通过大量的实际调查和问卷、数据分析以及开展一线实践工作等，深入研究产教融合体制机制运行育人实效，并剖析相关典型案例，将其社会效应和实践价值"广而告之"。

最后是技术路线。坚持理论研究与实践探索相统一，深入到一线开展实际调研活动，认真总结来自基层的经验心得，而后复盘工作实践；遵循基于问题导向的研究思路，有针对性、循序渐进地开展相关研究，把实际所得和实践经验上升为一般性的理论并在深入的后续实践中不断加以验证。

一是准备阶段，先要聚集骨干力量，成立能够始终如一的课题研究小组，详细列出解决问题清单、具体任务清单和研究进度清单，明确研究的目标、任务和具体的责任分工，确定研究的路径与方法，着力解决两个方面的问题：其一，是解决对产教融合体制机制建设的认识问题。应用型高校是产出人才、产出知识、产出技术的地方，要服务国家和区域发展战略，适应经济发展，在与地方、产业互动中，在社会实践中，知行合一培养应用型人才。其二，是解决产教融合运行机制的要素整合问题。处理好政府、行业、企业、学校"四元"运行主体关系,厘清产教融合过程中现代产业学院、二级院系、产业园区、职能部门、工作室之间的关系,脱虚向实,建设产教融合的示范性人才培养实体,实现产教融合、校企合作专业全覆盖;健全产业运行的政策支持、项目支撑、平台建设、物理空间、专业依托等要素建设,落实项目要素载体,实现产、学、研、训、创一体化。二是实施阶段,在产教融合的工作实践中掌握第一手资料,并以专题访谈,调查问卷、抽样分析等形式,重点按照产教融合体制机制建设的改革设计方案推进工作。找准工作着力点,把建设人才培养实体——现代产业学院、产业园、工作室等作为产教融合体制机制构建的基本抓手。从"资源逻辑"向"需求逻辑"转变,把现代产业学院真正建设成有编制、有场所、有职责、有经费的"四有"产教融合实体单位;不再是建成传统型的二级院系,而是推进改革创新,建设成"不完全像大学二级院系、不完全像学校内设科研院所、不完全像校办企业、不完全像附属单位或职能部门"的"四不像"单位。首先把专业集群建设作为应用型高校建设先手棋来抓,对接区域产业链建设跨学科的应用型专业集群;其次开放办学,政校行企聚合联动,依托应用型专业集群重组二级院系,实现现代产业学院与二级学院融合,把现代产业学院实体化;最后依托现代产业学院,建设产业园,建立现代产业学院+产业园"院园合一"校企协同育人机制。引进企业项目入校。基于真实项目,校企开展基于项目导向的综合课程建设,形成适应市场导向、基于主流行业产业运营过程的模块化课程体系和基于创新创业创客的实训式人才培养模式。依据构建模块化、项目式、综合性课程体系建设。建立具有师生群体广泛参与、以项目为导向的工作室,并将其作为产教融合育人的基本单元,以企业项目为载体,以工作任务为驱动,把项目化工作室打造成人才培养的基层组织,形成师生同创、企生共创、学生自创等"百团大战""全面开花"的良好局面。通过工作室实现学生以工作任务融入学业、教师以专业服务融入产业、校外资源以创业项目融入人才培养的课程体系,建立学业+产业+创业"三业融合"的校企共同体,形成应用型本科独特的"发展经"。三是升华阶段,将政策研究、实证研究、调研分析、案例收集和理论探索有机结合,对产教融合体制机制运行总结提炼，提炼规律性、指导性材料，在多地进行实践验证，形成普遍认可的常规模式。合作对象从与单个龙头企业合作到企业群进而再到产业链的产教融合，建设主体从单个学科专业走向学科专业全覆盖，建设内容从"学校模式"到"校企合作模式"到"产教融合模式"再到"产教一体化模式"探索。

（四）研究发现和所得结论

其一，研究发现。在具体的研究过程中，项目研究组发现推动产教深度融合和培育新时代高素质应用型人才已成为共识，应用型高校应适时把握应用型人才培养的基本规律，着力探索"地方产业链"＋"应用型专业群"＋"二级学院"＋"产业园"的联动协调机制，以高标准、严要求和实内容不断落地产教融合、专创融合、校地融合等，并遵循产教融合机制+平台+组织+项目"四位一体"的逻辑机理，打造"链条式"校企联动机制，搭建"院园合一"产教融合实践平台，坚持以工作室为产教融合的基层教学组织和任务驱动型项目化教学的实践载体，不断健全和完善应用型高校产教融合创新发展共同体，赋能应用型人才培养和服务于区域经济社会发展。实践证明，"院园合一"解决了产教融合不能落实的问题，其最根本原因是把"融合"停留在了"结合"层面，企业参与产教融合的积极性不高，处于"冷状态"，只是基于一时的用人之需，没有真正形成命运共同体。没有企业深度参与的实践教学出现了与产业前沿方向相脱节的问题，导致专业性实验仍在实验室里进行虚拟仿真模拟；学生实习实训也还是处于毕业之前的顶岗实习阶段。这里的"融合"，说到底是要做到融入、融通和融化，为此必须追求校企实现人、事上的交融。以青岛黄海学院实行国际商学院+数字经济创新创业园"院园合一"的机制构建为例，它具有开放式、实践性特征，是互融共生的校企共同体，使行业企业成为重要资源投入方、培养过程的主动参与方和培养成果的分享者，做到了校企双方共同管理、共享资源、共商发展、共建专业与课程体系、共同育人。而应用型高校要真正实现"高质量发展"，一则在于拓宽视野、突破屏障，深研人才培养模式，细化具体行动方案，将体制机制构建中的创新理念实实在在地融入区域产业发展的"微生态"之中；二则在于扭转固有观念和传统做法，鄙弃一劳永逸的思想,使人才培养真真正正转型到服务于区域经济社会发展的航道上。另外,作为产教融合体制机制落地的有力佐证之一,工作室制应用型人才培养典型案例填补了"院园合一"校企协同育人机制"推陈出新"和"乘胜出击"的缺口,在人才培养上更见成效,也让运行机制和孵化模式更具有说服力。还有就是基于创新创业创客的实训式人才培养已然成为产教融合、校企合作在新型产业发展形态层出不穷、产学研创集群生效的当今时代获得新生的有效途径,它不仅健全了专业群、课程群动态调整机制,适应了产业发展的新需求;也在很大限度上缩短了产业链、教育链与人才链之间的差距,有效缓解了应用型人才培养实践与职场化岗位需求的供需矛盾,有助于形成"产教融合并进""校企联合一体"的正向发展格局。

其二,研究结论。探索产教融合"资源共享""责任共担""人才共用""收益共赢"的体制机制,契合了产教"一体化"和校企"协同化"实际需求,明确了从制度完善到机制创新再到责任落实的接续性、综合化治理策略,形成了"落地可行""实效可见""推广可用"的大计共商、载体共建、资源共享、人才共育和利益共赢型融合式机制。以应用型人才培养作为产教融合体制机制的落脚点,充分发挥了政、校、行、企"四方联动"力量,实现了多主体协同构建实践、实战、实效、实际等"四实治理"体系,并紧握创新、创业、创意、创造、创客"五创"抓手,凸显了建设现代产业学院、打造工作室和推行项目化教学的实效价值,提升了人才综合素养,提高了育人整体成效。

同时显现出了几个创新点:

第一个"创新点",是创新了产教融合校企合作机制。"院园合一"使产教融合有了机制保障,工作室使校企合作有了落脚点,跨境电商、智能制造、影视艺术、互联网金融等使产教融合、校企合作有了专业群载体。"院园合一"着力打造产业为体、文化为魂、教育为本的产、学、研、用"合一"的实践园区。让专业学院成为责、权、利相结合的实体单位,有效化解了校企"双主体"之间的诸多矛盾,实现了产教深度融合和校企紧密合作,落地了人才培养的"精准化"、资源配置的"最优化"、运营主体的"绩效化"和育人成效的"市场化"，切实提高了应用型人才培养质量。融合专业学院、现代产业学院、产业园、创业孵化园的综合功能，凸显了应用型人才培养的跨界特质；而工作室制则体现出教学的"情景化"和学习的"项目化"，以及载体的"实用化"。它集学、研、产、创、训于一体，使产教融合、校企合作"认知有道"和"融合有方"。就"院园合一"校企协同育人机制而言，它能够进一步搭建产教融合创新机制，以工作室制搭建校企协同育人的基层教学组织，既让人才培养有了可靠、可行和可用的机制保障，又能落地于具体形态，有效促进了应用型高校自身综合建设，实现了"五个深度融合"。一是主动适应青岛优势特色产业和区域经济发展要求，开设了由国际经济与贸易、电子商务、物流管理、商务英语等跨境电商专业群，实现产业链与专业群的深度融合；二是以智能制造专业群、林生领域专业群、跨境电商专业群、新一代信息技术专业群、影视艺术专业群、智能建造专业群六大专业集群为核心，成立了国际商学院、智能制造学院、艺术学院、学前教育学院、建筑工程学院和数字经济创新创业园、大学科技园、青岛影视产业孵化园等，以工作室为载体引进跨境电商、机械工程、人工智能等科技创新型企业的"真实项目"入校、驻校，大范围全面开展项目化教学，实现了教育组织形态与产业项目对人才需求的深度融合；三是积极创建校企合作利益共同体，各二级学院+数字经济创新创业，院园合一，亦校亦企，既培养了人才，又解决了企业发展中的实际问题，实现了校企深度融合；四是学校联合企业共同开发综合课程，开展项目化实践教学，使学生在职场环境中不断得到良好的熏陶，获得实践的机会，并有效提升自主学习与认知能力，实现了企业生产与人才培养过程的深度融合；五是聘请大批量的行业精英、产业人才入校担任理论和实践导师，建立了学校专业师资到企业实践锻炼的机制，实现了学校师资与行业企业的深度融合。

第二个"创新点"，是创新了应用型高校育人模式。工作室制人才培养和项目化教学，使人才培养有了工作室载体，让教学有了项目化路径。工作室作为培养高素质应用型跨境电商人才落地的"创新之举"，在人才培养上突出了企业因素，在课程建设上融入了企业项目，在实践教学上突出了创新创业的实训特点，在通识教育上强化了"儒魂商才"的中华优秀传统文化教育和跨文化的双语教学特质。跨境电商、智能制造、互联网金融、电商美工等工作室把高校教师、在校学生、社会企业三者有机结合，将教学目标与岗位职责有效对接，使教学过程与岗位工作内容相互融合，也将课程考核与岗位考核相互统一，形成了开放而有效的应用型人才培养模式。学生通过工作室中的具体任务匹配，积极参与到解决企业实际问题的过程中，在"知行合一"的实践中学到了知识、提升了素养、锻炼了能力，无疑是应用型人才培养方式的一种"创新"。工作室的场景带入、工具学习、实战练习和总结应用等，从多个层面凸显出工作室制应用型人才培养的"4C"实效风格。通过构建"院园合一"机制——"工作室制人才培养—综合性课程建设—项目化教学手段"等人才培养逻辑链条，探索出了一条系统化较强的应用型人才培养改革路径。

相关结论和成果通过在青岛黄海学院的广泛、深入应用，有效地证明了建立、健全产教融合体制机制的时代意义和社会价值，其落地建设的包括直播电商现代产业学院、人工智能现代产业学院、护理与健康现代产业学院等在内的十余个现代产业学院，切入点精准、匹配度适当，"对号入座"且契合沉稳地融通了数字经济产业园、大学科技园，以及影视产业孵化园等实践园区。并以现代产业学院为依托，以二级学院+产业园"院园合一"的融合机制构建和多功能实践平台建设为窗口，建成了百余家师生同创、学生自创和企生共创型的专业工作室，使工作室制项目化教学在校内外得到了全面、广泛而深入的推广，且在完成入选教育部首批产教融合实训基地优秀案例《院园合一的协同机制》的基础上，接续凝练形成包括教育部职教司产教融合校企合作典型案例《"院园合一"机制下基于工作室的跨境电商人才培养典型案例》在内的数十个典型案例，现已被清华大学出版社选入《2021—2022产教融合校企合作典型案例100篇》图书出版名录，影响深远。并结合自身实际探索出应用型人才的培养规律，闯出了一条适用于应用型本科的建设路径，开辟了产教融合、知行合一的应用型人才培养模式，推进了应用型本科教学基层组织形态和教学模式的变革，切实提高了应用型人才培养质量，取得的相关实践经验和育人效益能够向全省所有应用型高校和高职院校推广。

（五）分析和讨论

就青岛本地区域而言，应用型本科高校产教融合体制机制研究更应聚焦特色化产业发展，将产教融合纳入创新引领、市场导向、人才支撑、创孵一体、研用结合的综合体系构建和完善之中，既要顶格推进，做好典型示范，又要导向鲜明，服务发展大局，打造创新引领示范区、卓越人才孵化带和产教融合策源地。由此，不断深化产教融合体制机制研究，依托现代产业学院建设、构建工作室制人才培养模式、推行项目化教学手段，并使应用型人才培养与城市发展定位和产、学、研、创、用"一体化"总体布局相契合，就显得尤为重要。在此基础之上，应用型高校如何在微观层面上更进一步地结合自身特色化发展的实际需要，深化育人机制和教学模式改革，便成为很值得讨论的现实性话题。

实践证明，在国家政策的助推和区域经济的带动下，构建和完善产教"双融合"、校企"双主导"和孵育"双通道"的运行机制已成为新的探索和众望所归，其中建立现代产业学院不失为一种可行性尝试，皆因其能够在很大程度上克服校企合作中存在的权益分担不明、权责归属不清、运行流通不畅等实际难题。而产教融合体制机制创新，既要"落地可行"，又要"推之可用"。这就需要通过以现代产业学院为组织单位、以工作室为基层组织形态、以校企共建"微专业"为载体、以企业项目为纽带和以项目化教学为实施手段等，着力实现以链建群、以群建院、以院建园、以院园建现代产业学院与专业学院的"双院合一"及二级学院+产业园"院园合一"，进而促成教育链、人才链、产业链和创新链"四链衔接"。构建"1+1+1+N"的产教融合机制，切实实现每个现代产业学院深度对接 1 个市级以上的行业协会、1 个市级以上科研所、1 个市级以上产业园区和 N 家合作企业，并形成"1+1+N"的产教融合运行体系，以工作室为载体推进基层运行组织和教学模式融合创新，校企共建 1 个现代产业学院和 1 个产业园，建成 N 个"蚂蚁兵团"式工作室，使项目化教学"落地生根"，让产教融合、校企合作"知行一体"。

（六）参考建议

在此方面，有两点注意事项：一是要针对自身研究的缺陷之处，提出需要改进的事项；二是要根据研究结论，提供获得的启示。

首先，需要改进的事项。其一，应用型本科高校产教融合体制机制创新有浮于表层、工作推进不扎实的一面，需要进一步落地于实践，不仅要做到"理实一体"，更要体现"切实可行"。其二，产教融合存在单纯停留于理论研究的问题，实效佐证欠缺。相关典型案例需要进一步加以丰富和完善，不仅要做到"有血有肉"，更要力求"有里有面"。其三，在健全产教融合体制机制的整个过程中，"融而不合""合而不深""深而不实"等现象依然普遍存在，需要力推以专创融合为抓手、以产教融合为路径、以现代产业学院为依托的可行性破解方案，既要做到"一气呵成"，又要实现"一战到底"。

其次，获得宝贵启示。其一，应用型本科高校产教融合体制机制的创新研究赶时代风潮，能够迎时解困，已成为推进产教深度融合、克服"校热企冷"等现象的实际抓手。深层次、接续性开展相关研究，有利于从宏观、微观两个视角和理论与实践两个维度寻求根本性解决方案。其二，工作室制项目化教学延伸了产教融合基层教学组织的实践场域，以任务驱动促进、形成了师生同创、企生共创、学生自创等"百团大战"和"全面开花"良好局面。调研数据也表明，以现代产业学院为路径，开展工作室制应用型创新人才培养，基于产业需求着力推进一流工作室载体建设工作，并逐步深化模式改革，有助于增强应用型人才培养的综合成效。其三，基于"院园合一"校企协同育人机制，构建和完善学业+产业+创业"三业融合"的校企合作共同体，在理念上凸显了"知行合一"，在特色上发挥了区域"一体化"效用，成为培育具有"敢闯会创"综合素养的应用型人才的坚实凭靠与有效依仗，以此为战略并将其深入推行，有助于促进产教深度融合和校企紧密合作。

# 第三节　基于"一体多翼"的产教融合
## 深化模式实践研究

　　此项研究锚定应用型人才培养目标，围绕市场导向提升人才素养，基于工作室载体建设，推进产教深度融合和校企紧密合作，不断稳固专创融合实践抓手和夯实产学研创理论根基，"一体多翼"构建和完善以大学生创业孵化示范基地为"主体"，以学院+产业园"院园合一"、以现代产业学院为依托和以师生同创、企生共创、学生自创三种形式的工作室载体建设为"多翼"的产教融合创新机制与适用模式，着力推进实践价值高、落地成效好、辐射影响大的应用型人才培养新机制。成果遵从实际，基于国内外研究现状，迎时解困，通过真实环境下强化任务驱动和项目化教学手段，架起实现专创融合、理实贯通和思创融通的"桥梁"，增强了校、政、行、企多主体协同育人成效，在优化课程体系和打造"双师型"团队及建设智慧型平台等方面取得了新突破，并依此延伸培养高素质应用型人才的场域空间，为深入实施学业+产业+创业"三业融合"育人战略提供了新思路，增强了学生创新创造能力，提升了其"敢闯会创"素养与核心竞争力。

　　产教融合是培养高素质、创新型人才的强力"助推器"和有效突破路径。着力推进产教深度融合和校企紧密合作，为理实一体提高应用型人才培养质量，提供了创新思路。"一体多翼"构建产教融合新模式，有助于促进产业、行业发展，提升校企协同育人实践成效，增强人才培养与职场岗位需求的适应性，也为深入探索高效能、强辐射的优质化育人机制提供了坚实理论指导和多种路径参照。实践证明，紧密落实"立德树人"根本任务，充分发挥师生同创、企生共创、学生自创等多形式工作室实践载体"作为产教融合基层组织细胞"的有效作用，真正将工作室制人才培养和项目化实践教学融入应用型人才培养的全过程，并依此构建高效能的师资孵化团队、深度融合的开放课程体系、强辐射的资源共享平台等,有助于更好地促进学生个性化发展,增强其自主学习能力,以便为实现产教一体、专创融合和思创融通提质增效,助力于区域经济社会发展。研究组秉承"知行合一"校训,立足实际,博采众长,基于工作室载体建设,在产教融合"一体多翼"构建模式方面进行了深入探索,且取得了一定成果,现结合自身特色,对其作出全面而细致的总结。

## 一、成果研究背景

新时代的发展对于产教融合新机制和校企合作新模式的相关研究提出了更高要求,如何基于人才素养提升和市场导向把控的"双重需求",一体化驱动高技能应用型人才培养,成为当下亟须解决的焦点问题。

基于此背景,研究如何进一步深化产教融合、校企合作,不断优化校、政、行、企多主体聚合联动,高效能推进产、学、研、训、创的提质、增效与培优工作,便被提上了日程。为着力贯通产业链、疏通人才链,打通创新链和畅通教育链,研究组以工作室为基层载体,着力探索了推进产教深度融合的"一体多翼"构建模式。

## 二、研究现状和意义

基于国内外研究现状的分析最有说服力,也最具普遍性和真实性。以此展开并不断深化实践研究,对于夯实产教融合实践抓手及增强其综合成效意义重大。

### (一)国内外研究现状

国内当前在深化产教融合、实现专产相接和增强校企协同育人成效上,虽有实质性探索,却因融而不合、合而不深等,难以实现有效提升,致使线上线下课程设置与岗位需求、职业标准的适应性不强。施教者虽能认识到要素整合、产教一体化的重要性,但苦于缺乏内驱效用性好、资源利用率高和辐射影响力大的内生动力系统和共建共享机制,而越加显得束手无策。国外对于产教融合的研究,则主要集中在理论研究和组织模型研究两个方面,如日本的"产学合作"、新加坡的"教学工厂"、德国的"双元制"模式、澳大利亚的

"TAFE"模式和美国的合作教育模式等。它们虽然各有特色，且突出了实践效用，能够为形成学校、实训中心和企业"三元合一"模式"舒筋活血"，却相对缺少富有适用性和凸显实用价值的生态体系与践行模式，加之拓展路径单一，致使取得的实践成效较为薄弱。

（二）研究意义

本研究坚持将工作室作为产教融合基层实体组织和依附载体，牢牢握紧专创融合、校地融合和思创融合等实践抓手，助力产教深度融合创新模式改革，理实一体地实现了小切口、全要素、深融合和强链接，助推了地方产业链、创新链、专业链、人才链"四链合一"，并通过"一体多翼"，即发挥工作室实践载体作用，校、政、行、企多主体合作共建现代产业学院和实践园区等，为构建特色明显、实用性强的产教融合话语体系奠定了基础，为夯实产教融合实践抓手树立了范式，也为多元化增强产教融合综合成效提供了参照。

### 三、研究凸显了内外一体、融合并进的思路方法

清晰、明确地探索思路，有助于引领研究者登堂入室地走进"新房子"，并打开"新窗口"。同时，它也有助于帮助实践研习者找到恰当而实用的方法，由表及里、由此及彼探索破解难题的有效路径。

（一）接续开展、联动有效、导向明确的研究思路

首先，研究组集思广益，预先设计好研究路线图，以此贴合实际且深入广泛地开展相关调研活动。获取第一手数据材料之后，各成员又以此为基础，注重接续推进，适时复盘并及时反馈，全面总结实践经验，着力进行修正和不断健全完善，补位原有设计方案中的疏漏。

其次，坚持校企协同、产教一体，校、政、行、企多主体聚合联动，搭建高效能实践平台，落地工作室基层组织建设，并基于"一体多翼"构建模式的综合成效发挥，接续性强化课题研究的框架支撑作用，并渐进性验证其广远辐射效用。

最后，坚持问题导向，以系统化构建的思维，多方协同和多枝共干开展相关模式的筛选与适用路径的拓展性研究，提供可行方案，深入地解决实际问

题,探索出一套适用程度强、推广价值高和引领实效好的产教融合"一体化"创新实践模式。

(二) 由表及里、剖析精当、融合有力的研究方法

1. 问题研究法

研究组广泛调研,从现象到本质提炼需要破解的难题,并循序渐进地开展论证工作,在实践检验中发现新问题,探求新方法。比如工作室载体在接续提升产教深度融合方面的功能发挥、"一体多翼"对于模式构建起到的作用等。对于这些问题,研究组采取了"顺藤摸瓜"的方法,理据分明地找到了有效解决问题的方式、方法。

2. 个案研究法

研究组对所认定的研究内容中"以往产教融合实效不强"这一特定命题进行了深入探究和理性解析,不仅明确了其融合式、创新型和协同化的特点,也据此剖析了一些较为具体且又极具典型特点的实际案例,通过查漏补缺和接续复盘,进一步形成了相对完善的行动方案。

3. 文献研究法

研究组在中国知网、维普网等平台,以及纸质版材料中,参阅了大量翔实的学术著作和文献资料,并对其进行了综合比对与深度分析。不仅了解到国内外对于工作室制人才培养、产教融合实践模式等概念进行了解读,也在相关模式构建和成效提升上做足了功夫,以期在体制完善和机制创建上获取新的认知。在广泛查阅网络信息和收集国内外相关学术研究资料的基础上,研究组进一步明确了自身存在的差距和研究中的不足。

4. 质性研究与定量研究相结合的方法

一方面,研究组成员基于对研究对象进行的"体验式"探求,不断强化宏观性把握和微观性推进,不仅从整体上深化了对产教融合的实践认知,也在更深程度上厘清了产教之间的紧密关系和二者深度融合的必要性与实践价值。另一方面,研究组也明确了研究内容,能够聚焦实际需求,锁定关键问题,通过查阅资料、抽样调查、收集资料和案例分析等各种方法,细致而有效地开展相关研究,并对数据信息进行了高效整合和深入分析,获取到较为客观的结

论，并积累了一定的研究经验。

### 四、基于工作室功能、作用的发挥凝练主要观点

观点作为内涵思想的"话语式"外在表现，它一方面"源于心"，另一方面也"源于新"，不仅属于依托一定背景知识的个体性内心认知的凝结，也在"推陈出新"上表露出特色化极强的总结性看法。现结合主题，就此略做表述。

观点1：工作室作为产教融合的微型细胞，综合特征明显。

工作室是落地产教融合的基层组织和实践载体，功能强大且实效明显，能够多方面体现其环境职场化、教学情景化、内容项目化、导师双师化和成果显性化等综合特征。

观点2：工作室施行任务驱动型项目教学，融合实效突出。

工作室通过注重以真实环境下的任务驱动，构建项目化教学模式，既发挥了校政行企多主体聚合联动作用，又有效地促进了学业+产业+创业"三业融合"综合实效。

### 五、研究体现了"一院三园""一体多翼"创新

创新是实践认知能力的聚合性迸发。发挥现代产业学院的综合作用，并使之产生促进全产业链条正向循环的有效作用，有利于进一步创新应用型创新人才培养模式和深层次细化产教融合可行性路径。

创新点1："一院三园"提升实训式人才培养成效。

研究组在具体研究过程中，创造性地提出"一院三园"的概念，并提倡以其实现校企一体化提升"实训式"人才培养成效，即通过发挥现代产业学院和数字经济创新创业园、大学科技园、青岛影视产业孵化园"一院三园"的综合作用，着力强化融合式育人机制和校企协同育人成效，落地于产教融合"实训式"人才培养。这一创新点是研究组基于所在单位长期开展类似实践探索活动，对其核心要义进行的深度提炼，不仅有效延伸了工作室载体的场域空间，更在辐射层面上，对产教深度融合的实效提升起到了一定的"推波助澜"

的作用。其终极目的在于,通过强化"融合式"机制建设,实现协同式增强"实训式"人才培养综合实效。

创新点2:"一体多翼"构建融合式运行模式。

研究组不断探索,深挖出"一体多翼"多元化构建产教融合运行新模式的创新点,并力求重塑此模式,实现校、政、行、企多主体合作共建现代产业学院和实践园区,形成由工作室基层组织建设到学院+产业园"院园合一",再到真实项目驱动与技能提升深度融合、与岗位需求及人才培养深度融合的良好局面。

"一体多翼"构建融合式运行模式如图4-2所示。

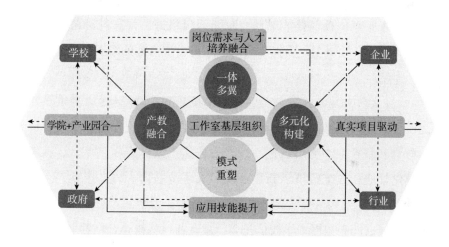

**图4-2 "一体多翼"构建融合式运行模式**

### 六、研究形成了多元化、融合性较强的核心成果

此项课题研究秉持了青岛黄海学院"知行合一"校训,以各二级学院和创新创业教育学院为施教母体,基于"院园合一"校企协同育人机制,不断筑基强体,围绕着学生创新发展、校企协同发展和产教融合发展,坚持"一体多翼"推进产教融合教育和专创融合实践,充分发挥产教融合实训基地、大学生就业创业孵化基地和数字经济创新创业园、大学科技园、青岛影视产业

孵化园等的综合作用，并以专创融合、理实贯通、思创融通等为抓手，为社会培养了一大批高素质应用型人才。

（一）深化"三全三制"改革，接续性完善了应用型人才培养机制

此项研究所在部门深入实施本校"一把手"工程，通过接续构建和深度完善全员参与的组织领导体系、全覆盖的教育教学体系和全方位的融创生态培育体系，深入推进了产教融合教育、校企合作实践改革，并结合产学研创实际需要，接续完善"融合式"教育工作联动协调机制、"院园合一"校企协同育人机制和产教融合、专创融合及思创融通等专项资金资助机制。现已形成学校整体规划、职能部门联动、学院落实责任、工作室落地项目的工作格局，建立了政府掌舵对接、学校主体担当、行业深入指导、企业积极参与、双创实践引领、就业创业保障、教育教学规划、职能部门跟进、教研科研助推等多拳出击、齐抓共管的高效机制，为提高应用型、创新型人才的培养质量提供了有力保障。

（二）夯实"一地三园"架构，一体化提升了实训式人才培养成效

此项研究所在学校凝心聚力，不断创新人才培养及管理模式，并以"融合式"教育和服务中心为组织核心，着力夯实产教融合实训基地，大学生就业创业孵化基地和数字经济创新创业园、大学科技园、青岛影视产业孵化园"一地三园"基本架构，极大提升了基于创新创业创客的产教融合实训式人才培养成效。根据调查数据，学校依托 207 家企业，将校企合作延伸到专创融合教育环节，现已建成十余个现代产业学院和百余个工作室，有效推进了师生同创、企生共创和学生自创实践落地。目前，学校以工作室为载体的产教融合教育、专创融合实践已是"遍地开花"，相关经验在山东省内 41 所学校推广，辐射影响明显。

（三）践行"以赛促创"理念，全方位实施了融合式人才培养模式

此项研究带动了整个学校不断开展并日益强化"以赛促创"工作，现已组建形成 294 人的融合式人才培养导师资源库，并发挥大学生创业者协会、KAB 创业俱乐部的协同作用，不断激发学生投身于创新实践活动之中。在项目组的呼吁下，学校通过实施全要素、强辐射的融合式人才培养模式，亦校亦

企、亦学亦教、亦中亦西、亦儒亦商地推进了工作室制应用型人才培养实践，激发了广大师生参与"互联网+"大学生创新创业大赛、国家大学生创新创业训练计划项目以及其他专创融合综合赛事的积极性。

研究数据显示，研究组所在单位的师生同创工作室建设已取得一定成效。截至目前，已出版相关学术著作 5 部，公开发表论文 21 篇。锚定产教融合机制建设目标的工作室制人才培养模式研究成果，获得省级教学改革课题立项 2 项，荣获第八届、第九届省级教学成果奖二等奖 3 项和一等奖 1 项。本研究组所在学校基于融合式创新思维和项目化教学实践，已举办相关大赛 46 场、融合式人才培养报告会 57 场，孵化实践项目 51 个、创新团队 60 余个；学生参加第七、第八、第九届中国国际"互联网+"大学生创新创业大赛，共荣获省赛金奖 2 项、银奖 20 项、铜奖 37 项。10662 人参与申报国家大学生创新创业训练计划项目，共立项 2706 项，其中国家级立项 95 项、省级立项 284 项、校级立项 2327 项。

实践证明，"一体多翼"构建产教深度融合模式及推进专创融合教育的相关做法，不仅重塑了校企协同育人鲜活肌体，构建了应用型人才的生态型孵化体系，更有效实现了校、政、行、企"四方联通"、学科专业+创新创业"专创融通"和线上线下理论传授+内外实践"理实贯通"，为深入打造学校"四三二一"创新创业教育系统"升级版"奠定了基础。

**七、研究以低重心、高成效成"遍地开花"之势**

今后，研究组将继续深耕产教融合实践沃土，不断夯实学业、产业相联通，创新、创造相顺通，理论、实践相贯通的"低重心"协同式育人机制，"高成效"地提升工作室载体建设和人才培育质量，并反哺于专创融合、思创融合、产教融合、校地融合等路径细化和航道拓展工作，稳扎稳打地探索和推进"前校后厂""三融四进"的"融合式"育人新机制，以强师资、多平台和高成效打造学校应用型人才培育品牌，在更大范围和更广空间形成可复制、可推广的实践经验，使其深度融入产教融合全过程，形成"遍地开花"的良好态势。

# 第四节  应用型本科高校工作室制创新
# 创业教育模式研究

本项研究锚定应用型人才培养目标，基于工作室载体"低重心"建设实践，接续深化了"院园合一"校企协同育人机制和"四三二一"创新创业教育模式改革，有效拓展了工作室制人才培养的场域空间，并遵从本校实际、行业动态和市场需求，通过构建和完善创赛教孵的优质化课程体系、打造和锤炼专兼结合的高效能师资团队、搭建和融聚一体多翼式智慧型实践平台等，落地了项目驱动式实践教学，营建了创新创业人才培养的文化氛围，为促进区域经济社会发展提供了行动方案。研究坚持以学生为中心，以专创融合为抓手，不断深化学生创新创业内生动力机制改革和高效能双创教育模式研究，为进一步提升学生"敢闯会创"综合素养和构建产教融合、知行合一的工作室制人才培养体系赋能增效。项目通过细化对工作室制人才培养模式构建过程中环境职场化、教学情景化、内容项目化、导师双师化和成果显性化等综合特征研究，逐步厘清了工作室基层组织教学运行的逻辑机理，有效疏通了融合式育人机制和实践平台打造的信美航道，并将工作室载体建设、项目化教学推行和实践教学理念相互融通，使专创融合动力机制构建重心下移，不仅为培养高素质创新创业人才提供了政策支持和空间保障，也为应用型本科高校开辟出一条补给动力大、进阶能量足、落地效果好、辐射范围广的创新创业人才培养新路径，奠定了学生高效能创新、高水平创业和高质量就业的基础，相关经验具有辐射推广价值。

## 一、研究背景

随着创新创业在全球蔚然成风，将创新创业教育融入专业人才培养全过程，并以此推进高素质应用型人才培养，越发成为人们的共识。国外较为注重学生创新创业潜质挖掘和创造能力提升，主张以实践为主打造创业社团组织，基于项目运营提供针对性强、特色化明显的实践辅导，但大多商业气息浓重，有失教育本真。国内则聚焦于学生创新创业素质探索，虽在激发创新意识促使学生萌生创意方面取得一定成效，但在系统化构建创新创业人才培养模式方面有所缺失。

2018 年，《国务院关于推动创新创业高质量发展打造"双创"升级版的意见》提出，要强化大学生创新创业教育，将其和实践课程纳入高校必修课体系，推动创新创业高质量发展，并肯定了大学生创业成果的学术价值，支持高校深化产教融合，校企协同开展生产性实习实训。教育部"新时代高教 40条"也提出把本科教育放在人才培养的核心地位，深化创新创业教育改革，提升学生综合素质，形成高水平人才培养体系。2020 年，《国务院办公厅关于提升大众创业万众创新示范基地带动作用进一步促改革稳就业强动能的实施意见》则提出，深入实施创新驱动发展战略，构筑产学研融通的创新创业体系，增强协同创新发展合力，支持高校示范基地打造在线创新创业教育优质课程，提升学生创业实践动手能力，并以之为依托开展双创园建设，以市场为导向构建服务平台，提升专业化成果转化率，筑建产学研深度融合联合体。同年，教育部又发布介绍了第六届中国国际"互联网+"大学生创新创业大赛及深化创新创业教育改革的有关情况，提出应以大赛引领创新创业教育改革，带动人才培养范式变革，明确了各专业类创新创业教育的目标要求及课程要求，也使高校的创新创业工作具有了基本依据。而教育部高教司深化高校创新创业教育改革的"六举措"，更成为提升创新创业教育质量的航标指向。青岛也审时度势，定位于建设国家级"创业型"城市，着力谋划国内国际"双循环"和创新创业"高联动"新发展格局。

在时代风潮和国家战略的助推下，创新创业正成为赢得未来的基础和关键，也为青岛这座创业之城、"青春之岛"提供了进阶动力。2020 年，青岛市委审议通过的《关于加快建设创业城市的十条意见》，倡导以建设创业城市的定位构建优质化服务发展生态，"四链合一"打造"青创十条"，进一步谋求国内、国际"双循环"的新发展格局。这无疑为应用型高校深化产教融合、加强校企合作和推进创新创业教育改革，提供了重大机遇且创造了有利条件。

青岛黄海学院作为应用型本科高校，定向于地方、定型于应用、定位于教学、定格于实践，基于"院园合一"校企协同育人机制，以专创融合为抓手，通过项目驱动的工作室载体建设积极探索创新创业教育模式。近年来，学校不断深化创新创业教育改革，全面落实《青岛黄海学院创新创业教育改革实施方案》《青岛黄海学院创新创业学分评定管理办法（试行）》《青岛黄海学院创新创业教育工作教师绩效考核制度》《青岛黄海学院创新创业学生管理办法》《青岛黄海学院创新创业兼职导师暂行管理办法》等文件精神，并制定《青岛黄海学院本科教学质量提升行动计划（2020-2022）》，将创新创业教育高效融入专业人才培养全过程，落地了人才培养方案、深化了校企合作机制，也细化了产教融合路径、提高了核心成果转化，为理实一体开展基于创新创业创客的实训式人才培养奠定了基础。学校瞄准应用型人才培养目标，坚持以"融入区域、根植产业、服务地方、促进发展"为行动指南，深入落地"院园合一"校企协同育人机制，搭建形成了新工科、新商科、新一代信息技术、智能制造、影视文化艺术、民生领域和教育公共服务体系等应用型专业集群，并基于工作室制人才培养模式，接续完善"四三二一"创新创业教育系统。学校基于省级大学生创业孵化示范基地、全国跨境电商人才培养示范校、全国创新创业教育示范校、科技部众创空间等建设成果，荣获省级教学成果奖多项。凸显了工作室载体实践成效的《"院园合一"的协同机制》案例，入选教育部首批产教融合优秀案例，并由中国财政经济出版社出版；创新创业教育学院申报的《产教融合机制下以"专创融合"为抓手促进"应用型"转型》案例，在第七届产教融合发展战略国际论坛上受到教育部原副部长鲁昕的重点推介。

在创新创业教育蓬勃发展的新时代，探索如何深层次培养极具国际化视野、深厚职业素养和创新创造能力的高素质人才，已成为应用型高校着力定位且永不过时的航标指向。在新时代，应用型本科高校更是承担起优质化培育创新意识强、创造能力高、就业素质硬的应用型人才的神圣使命。它们纷纷瞄准产教融合背景下的新模式创建目标，逐步熔炼和深度打磨凸显适用性和实用性的人才培养机制与教育实践模式，不仅为包括青岛黄海学院在内的应用型本科高校的专创融合实践工作者提供了附着力量和施行保障，也为众多热衷于创新创业教育的探索者开启了方便之门、提供了凭靠依仗。实践早已证明，以创新机制为依托，探索校企紧密合作、产教深度融合之路，进而不断尝试和践行新型的创新创业教育模式，寻求优质化培育创新创业精英的可行思路和适用路径，越发成为致力于新时代创新创业教育及相关实践的研究者们关注的焦点。

（一）国外研究与实践现状

凸显开放性和实效性特征的工作室制人才培养模式，得益于 20 世纪颇具影响力的德国魏玛包豪斯学院创建者瓦尔特·格罗皮乌斯首创的工作坊制度。他提倡建立"双师体系工作坊"，以集体工作形式实现艺术与技术"合二为一"，将学生的想象力与实操能力有机结合，理实一体且最大限度发挥综合作用。这种在教学过程中坚持教、学、做"一体化"，并以此提升动手实践能力的方式，即被称为工作室制。现代工作室制延伸与深化了工作坊形式，注重将导师聘任、学生甄选、计划制订、技术运作等落地于产、学、研、创、用具体实践过程。工作室制人才培养模式基于学生中心、课程设置、项目主导、研究方向、平台应用等，浓墨重彩地彰显出创新意识增强、创造能力提高和思维方式转变的重要性。

国外的创新创业教育则已渐趋成熟，且各具特色，自成体系，效果明显。比如，百森商学院注重学生创新创业意识增强、创造技能提升和市场洞悉能力培养，将前瞻创新课程设计、教学计划外延辐射、教师入企锻炼深造和问题重心教学方法探究等融为一体，熔炼成一套需求导向、技能进阶、认知递进的循序渐进式创新创业教育模式；而斯坦福大学，则较为重视技能应用和科研成果之间的转化，将产、学、研一体化创新创业教育模式贯穿于学生个人特色化成长的全过程，以追求一流、强化开放互动和深化校企合作等，夯实具有创新意识和创造能力的人才培养根基。就模式探索而言，美国主要是基于学科建设和素养提升的实际需要，来谋求创新发展的路径。它将聚焦模式、磁石模式和辐射模式三者有机结合，突破了资源的单一利用、师资的固定搭配和学生针对面的"小众化"，更加显现出教育理念的开放性、专创融合的紧密性以及课程之间的关联性。其注重教育体系构建和文化氛围创建乃至倡导跨界融合与环境熏陶的做法，为世界其他国家有效构建创新创业教育模式树立了标杆，也提供了良好借鉴。而英国则"主要呈现两种模式：一是商学院主导模式；二是大学主导模式"。究其精髓，不管是学创分离的最初做法、团队相融的后续改进，还是辅修式课程设置、协同式培育开展，都体现出其放眼未来发展、适应全球挑战的战略眼光。发挥政府资金主渠道的作用，通过大赛为创客们提供更多机会与平台，并充分利用全社会有效资源助力于学生创业实践的得力举措，都证明了其在创新创业教育方面所具备的独特眼界和所取得的客观成效。

实践将继续证明，秉持跨界融合理念，注重多方资源整合，坚持以社会需求为导向，树立市场检验意识，并通过加强校校合作、校企合作等联合培养方式，组建极具发展潜力的工作室组织形式，已成为当时历史条件下教育方式的成功创举，较为通畅地打开了人才培养对接社会需求的窗口，产生了深远影响。欧洲设计艺术水平一直领先，中国国内不少艺术院校采取此模式用于人才培养也卓见成效，显然是与之分不开的。

（二）国内研究与实践现状

在国内，工作室作为产教融合的基层组织，时下正日益成为应用型本科融合式育人机制不断完善和创新创业教育改革逐层推进的"试验田"，继承并发扬了"作坊制"基本特点。学生在学习理论课程的同时，也在作坊内磨砺技艺，"学习"和"生产"同步进行，二者合二为一；学习成果得以以作品的形式呈现。

"创业的先导是教育，深化高校的创新创业教育改革，探索出具有自身特色的创业教育模式是高校人才培养改革的重要目标。"调研显示，目前国内高校对于创新创业教育模式的探索可谓异彩纷呈，且各自显现自身特色。比如：清华大学深圳学院基于生态网络构建需要，打造出"校政企创新创业教育模式"；燕山大学围绕应用型创新创业人才培养目标体系构建，着力创建了"一体、两翼、三结合"的创新创业教育模式；山东协和学院则结合"教学+竞赛+创业"深度融合的实际需要，形成了立体化的"教赛创"创新创业教育模式……以上这些有关创新创业教育模式的实践探索，基本上响应了国家政策号召，汇集了校政行企各方力量，且在理论传授、实践深化、平台建设和大赛引领等方面都有关联，能够在很大程度上激发学生参与创新创业实践的意识，并对提升其创造能力产生了作用。

研究组通过中国知网数据库获知，2009 年以来，国内对于应用型本科高校创新创业教育模式探索的相关论文仅有 62 篇，而工作室建设案例只有 1 篇。它们大多基于创新创业教育本身存在的问题着手，结合自身实际开展"小众化"研究。比如，曹东波（2015）在《应用型本科院校创业教育教学模式初探》一文中指出，创业教育教学内容陈旧、创业教育教学的理念落后、创业教育教学的方式僵化等现状问题，在融合式课程体系构建、高质量专家队伍打造、实践性双创平台筑建等方面谋划策略，以此助推模式改革并实现实践突破；邢敏（2016）则直击创新创业教育资源分配不均衡、创新创业课程设置不合理、创新创业师资队伍薄弱、创新创业教育与专业教育相脱节、创新创业教育配套机制不健全等弊端，主张构建相对完整的双创教育教学体系、强化一专多能的师资队伍建设、完善理实一体的专创融合教育机制、搭建实效明显的产学研合作平台等，赋能高素质创新创业人才培养；丁九桃（2017）、廖文迪（2021）等从高等数学课程、广播电视编导专业等视角和工商领域等，探究创新创业教育的本源，并厘清应用型本科院校专创融合课程建设基础、核心成果转化机制与创新创业综合素养，以便人性化、科学化、个性化且全面化地落地应用型教育模式改革……

显而易见地，较为集中的问题在于相关研究偏理论性且过于宏观，对于真正能够体现个性化发展、创新性突破和集群化构建的实践模式少之又少。以上探索实践同时也表明，国内产业升级和行业迅速发展加大了创新创业人才的缺口，力主契合于职场岗位实际需求的应用型本科创新创业教育模式相关研究文献逐步增多，具体内容体现在以下三个方面：一是，基于产教融合背景和"互联网+"理念指导下的智慧平台建设，越发彰显"敢闯会创"人才素养提升的必要性和时代价值。二是，创新创业教育需要发挥校政行企四方聚合联动作用，强化创新意识增强、内生动力激发和实践能力应用。三是，通过人才培养模式改革，推进课程体系革新和孵化基地建设，落地于专产相接、校企协同、跨界融合的行动方案，为区域经济社会发展培养更多具有创新精神、自主创业能力和职场竞争力的应用型人才。

## 二、解决的关键问题和解决问题的方法

解决关键问题需要适用可行的方法。要解决人才培养和岗位不契合、课程设置和技能提升难吻合、师资培养和实战落地不切实等现象，就得在新模式构建、项目化推进和高效能转化等方面用心用力，争取以"三通四创"改观旧时面貌，以"四段式"打造高端精进式课程，并"集群、多效"，深入推进"三业融合"育人模式改革。

（一）解决的实际问题

1. 创新创业人才培养与行业发展、职场岗位不契合的问题

构建"新模式"，改变创新创业人才培养固有模式空泛无力、学生创新能力难以满足社会需求的现状，消解人力、资源和空间的矛盾，进一步创新人才培养模式，增强人才培养与行业发展需求的契合度。

2. 创新创业课程设置与职场就业、技能应用等难吻合问题

推进"项目化"，凸显本校基于工作室的项目化教学实效，解决创新创业课程设置不合理、内容与职场就业脱节、赛教一体落地不实、创新创业实践成效不强等问题。

3. "双师型"师资培养低效、专创融合实践落地不实问题

体现"高转化"，填补师资匮乏的漏洞和其实践指导能力不强的缺陷，克服创新创业成果转化率不高的弊端，"内引外联"地将双师双能师资团队打造、专创融合理念落于实处。

（二）解决问题的方法

研究组坚持目标导向，围绕真实需求解决实际问题，分别对相关企业、工作室受训学生、行业校友、一线专业教师等群体进行深入而广泛的调研，通过问卷调研，实践验证了工作室制创新创业人才培养模式成效，缓解了人才培养中的痛点、堵点问题，对于其滞后于校企协同发展、产教融合发展的一系列问题提供了解决方案。

"工作室制"锁定了市场岗位需求,成为打造互融共生校企共同体的有力抓手,使行业企业成为重要的资源投入方、培养过程参与方和育人成果共享者,在课程体系建设上实现了校企同管、资源共享、发展共商、专业共建与成果共用,解决了课程设置与企业真实岗位需求脱节问题。"项目化"坚持理实一体、兴趣牵引和项目驱动,以"高阶驱动"实现"低阶晋级",使学生在"做中学""创中学",解决了学生缺乏实训课程与平台实战历练问题。"工作室制项目化教学"则为学生提供了教学做合一的实践场域和创新空间,实现了校企师资互聘双挂,在项目引介、技能提升和人才孵化等方面起到了载体支撑作用,解决了专创融合师资实践能力不强的问题。具体如下所述:

1. "三通、四创",不断完善"四三二一"创新创业教育系统

以文化特色铸魂,以校企协同塑体,以生态孵化强实,坚持校政行企"四方联通"、学科专业与创新创业"专创融通"、线上线下理论传授和内外实践"理实贯通"及技术创新、孵化创智、研学创行、共育创展理念,深度完善"四三二一"创新创业教育系统,通过校政行企"四方联动",搭建"学校主体、政府主导、行业指导、企业参与"的科技创新、网上创业和文化创意"三大创客平台",构建创新创业教育实践和成果孵化"两位一体"的教学体系与一条龙创业孵化链条。

2. "高端、精进",着力构建"高效进阶"的四段式课程体系

深化核心技能提升与任务驱动的项目化教学,构建梯度式进阶、技能性递升的"四段式"专创融合课程体系,做好引企入校和引师共课,形成高端引领、协同精进的创新创业人才培养模式构建思路。

3. "集群、多效",深入推进"三业融合"人才培养模式改革

强化师资、以赛促创并深度打造"专创融合"的特色专业群,多实效推进创新创业人才培养模式实施,构建创新创业人才培养的生态体系,基于学业+产业+创业的人才培养模式和智慧平台建设,形成辐射效应。

### 三、研究内容与主要观点

产教融合实践研究是一个集载体构建、课程创建、团队搭建、机制筑建等

为一体的系统化工程，研究内容涉及理论探索和实践推进的有机结合、研究现状与发展前沿的时空融合，以及机制引领与适用模式的高效融通，现依此逐层展开，并提炼出主要观点。

（一）研究内容

1. 基于工作室实践载体构建的创新创业人才培育体系

研究产教深度融合方案，提高创新型人才培养质量。聚焦如何将专创融合理念和儒魂商才素养融入工作室载体，构建思创融合、专创融合和科创融合的创新创业教育卓越人才培育体系。

2. "三业融合"的职场模块化、混合式双创课程体系

探究面向全体学生开设的创新创业基础课程实践成效，研究如何实现素养提升、专业融通、能力进阶、服务跟踪全程覆盖和理实一体、师生同创、专兼结合的全员覆盖；研究创业基础、区域特色和专创融合的模块化课程体系深度构建策略与创建一流本科课程的有效模式及引领作用。

3. "双师双能"师资队伍建设的创新路径和综合实效

探索创新创业"双师双能""专创融合"师资团队建设的适用方案和可行路径，研究如何最大化发挥导师双重身份效用，推进双聘双岗制度，实现校企人才互聘、双岗双赢。

4. 助推创新创业人才培养和教学评价改革的创新路径

研究施行创新创业学分认定管理办法及实践方案的有效路径，科学、高效地实施学生动态管理和教育评价机制。

（二）主要观点

观点1：应用型人才培养需以立德树人为根本任务，着力于专创融合、思创融合、产教融合和校地融合等方面，并基于多方实际需求，校企协同制定特色突出、成效明显的行动方案，围绕产业结构升级和经济形态转型，打造科学健全的创新创业课程体系、增效有力的双创导师队伍和辐射强大的实践平台等，以此提升、增强学生"敢闯会创"素养和优质高效就业竞争力。

观点2：新时代工作室制人才培养模式有其构建的必要性和推广的可行性。一方面，基于工作室的创新创业教育模式是提高人才培养质量的有益探

索，正成为建设创新型国家、缓解就业压力和提升大学生创新创业能力的需要；另一方面，工作室制人才培养模式也是解决应用型本科高校产教融合不到位、专创融合不深入、校地融合不实际等现实问题的突破口。

观点3：构建和完善应用型本科创新创业教育模式，应坚持以学生为中心，全力捕捉教学环境"职场化"、教学体验"情景化"、教学内容"项目化"、实践导师"双师化"、教学成果"社会化"等工作室制综合特征，以专创融合为实效抓手、以思创融合为内涵支撑、以产教融合为践行路径、以科教融合为突破手段、以校地融合为辐射层面和以中西融合为接轨航道，不断夯基筑体，强化职责，"低重心""宽口径"建设工作室单元，通过创设体验式场景、实施项目化教学，分解具体任务，激发学生核心动能，增强其团队合作意识和职场综合技能。

**四、青岛黄海学院教学改革实施路线**

拟定教学改革路线，需要遵循一定的科学原理，理顺改变、向前和进阶的逻辑。此部分主要包括目标定位、理论依据、方案实施、实践过程等内容。现结合青岛黄海学院的实际探索，就此详细展开。

（一）目标定位

落实"立德树人"根本任务，强化"敢闯会创"素养提升，根植地方，服务区域经济社会发展，坚持专创融合、产教融合、校企合作，理实一体构建应用型本科创新创业教育模式，培育具有国际视野、中国品质、黄海情怀的新时代创新创业人才。

（二）理论依据

1. 需求导向理论

依据社会和市场发展需要，适时引导并创造条件使受教者紧密结合社会需求和市场需要进行学习和技能培养，调整自我知识结构并提升各项实践技能，以满足内外需求，为促进现代社会发展培育应用型人才，为企业创造更大效益。

2. 社会场域理论

此理论起源于物理科学，后被引入心理学研究，并由库尔特·考夫卡、库尔特·勒温、皮埃尔·布迪厄等人不断完善。认为场域是具有"内含力量的、有生气的、有潜力的存在",人的每一个行动均被行动所发生的场域所影响。它在本质上是一个动态的社会关系网络和生活空间,为场域中诸要素提供了一个力的动态较量场所。

3. 情景教育理论

情景教育理论主张通过创设情境,优化学生认知环境,实现主动学习和创新发展。此理论有助于诱发学生主动性探索心理,强化体验性认知并注重创造性应用,体现出较强的渗透性浸润作用。

4. 合作学习理论

基于小组合作和共同目标的达成,促进学生在异质小组中的互助合作,为更好地发挥项目驱动作用形成彼此牵引之力,以帮助个体深度融入群体之中,形成良好合力,协同实现总体目标。

5. 多元智能理论

运用美国哈佛大学发展心理学家霍华德·加德纳首提的逻辑—数理智能、自知—自我认识智能、交往人际关系智能等,探寻事物之间的规律,了解自我的优势,进而提升高级别问题解决能力。

(三)方案实施

在整体上,构建"双创"素养+专创融合+实习实训的素养教育体系、模块化课程体系和实践教育体系,落地于跨境电商、智能制造、影视艺术等专业人才培养方案实施,通过发挥辐射带动效用和做好实证研究,打造任务驱动、项目引领的工作室制创新创业教育模式,形成核心成果导向明确、"四段式"评价层次分明和赛教一体化的创新创业人才培养评价体系。具体改革方案设计如下:

(1)理实一体,坚持"教学做"合一。注重实地场景浸润,突破工作室形态,理实一体开展教学改革,将理论授课和技能掌握与应用有机结合。

(2)项目驱动,强化"工作室"载体。凝练师生同创、企生共创和学生自创的工作室典型经验,融入"院园合一"校企协同育人机制升级与创新创业人才培养目标实现全过程,以项目驱动激发学生自主创业意识。

（3）专创融合，实现"集群化"落地。加强与智能制造、跨境电商、商务英语、互联网金融等学科专业的深度融合，分层、分类推进"专创融合"并基于以赛促创的实际需要形成专业群辐射。

（4）成果导向，搭建"多样化"平台。深度构建产学研创一体化实践平台，高效转化教改成果，形成思学并进、科创融教的平台联动效应。

（5）优质拓展，疏通"外语+"航道。通过全面实施创新创业学分积累和转换制度，优质化推进混合式教学改革，并疏通"外语+"航道，培育具有国际化视野的创新创业人才。

（6）熔炼案例，做好"样板化"设计。基于"院园合一"校企协同育人机制"样板化"打造工作室载体，形成推广经验并熔炼成典型案例。

（7）周期考核，验证"可复制"成果。实施半年一周期考核制，一年期初见成效，逐步凸显优质化并验证形成可复制的成果。

（四）十五年坚守初心实施教改

此项教学改革至今已历经 15 年实践探索。项目组基于前期教学研究，于本单位落地了创新创业教育改革方案，取得了一定的育人成效和辐射影响，为校外省内兄弟院校提供了可借鉴、能复制的经验做法，发挥出较好的示范带动作用。

学校创新创业教育溯源于 2009 年 12 月与阿里巴巴集团合作开展电子商务专业实用型人才培养的探索实践。整体架构包括大学生创新创业教育与服务中心（下辖创新创业教研室和综合办公室）、数字经济创新创业园、大学生科技园和青岛影视产业孵化园组建的"一中心、三园区"。学校坚持以创新引领创业、以创业带动就业，着力构建学业、产业、创业、就业循环衔接的产教融合生态系统，为创新创业者实现梦想打造实践乐园，为培育"敢闯会创"应用型人才赋能增效。

1. 历史沿革

2009~2013 年，以阿里巴巴校企合作短期培训班的形式，开展外贸人才培养。2013 年，与阿里巴巴战略合作伙伴山东网商教育集团深入开展校企合作，联合建设大学生创业孵化基地，引入青岛本地 24 家会员企业入驻，进行工学结合、课岗融合的实训式人才培养。2014 年，校政行企四方聚合联动，成立大学生就业创业孵化基地，第二年与国际商学院合署办公，下设基地办公室、就业创业教研室和校企合作教研室，并成立创客学院。2016 年，成立创新创业教育工作领导小组，办公室挂靠在创客学院。2017 年 6 月，创新创业教育学院正式成立，管理运营大学生就业创业孵化基地，并于 2018 年获得省级大学生创业孵化示范基地授牌。

2. 创新创业教育工作开展情况

大学生创新创业教研室主要负责全校的创新创业基础课程教学任务，承担大学生职业生涯规划、大学生就业指导、创业基础三门课程的教学工作。自 2014 年 11 月 19 日起，共组织举办了七届大学生职业生涯规划大赛选拔赛，并先后参加"中能杯""橡胶谷杯""青岛农商银行杯"等决赛，获本研组二等奖、最具人气奖、百强优胜奖、优秀指导教师奖、优秀组织奖等多个奖项。2021~2023 年，在第七、第八、第九届中国国际"互联网+"大学生创新创业大赛上，共获省赛金奖 2 项、银奖 20 项、铜奖 37 项。10662 人参与申报国家大学生创新创业训练计划项目，共立项 2706 项，其中国家级立项 95 项、省级立项 284 项、校级立项 2327 项。

3. 学科建设和科学研究情况

创业基础试点工作于 2014 年 9 月开始，围绕着创业概念、团队建设、创业项目、创业过程等开展学科建设和教育教学活动。2015 年，编制本科大学生职业发展与就业指导、创业基础等课程教学大纲，为推动学校本科就业创业教育做好铺垫工作，并对本科人才培养方案中的创业教育类课程进行改革，设置了包括 3 门课程 6 个学分在内的"创新创业教育课程"模块，其教学任务与教学管理划归就业创业教研室负责。2015 年 4 月，开始建设创新创业选修课课程库，建成 39 门创新创业选修课。2017 年，投资建成 2 间创业教育实训室，配备 120 台计算机，安装创业总动员实训软件。2020 年，基于"专创融合、产教融合"课程建设和线上线下资源共享应用，建设在线课程。创业基础（社会实践类）获批省级一流本科课程，在智慧树平台建设专创融合在线课程"跨境电商——小 e 的创业之旅"和在线共享课程"求职勇闯六道关——大学生就业指导与能力提升"各 1 门，在建校级在线课程 2 门。学院围绕工作室制创新创业人才培养展开研究，出版学术著作《"院园合一"机制下跨境电商工作室制人才培养》《"双创"时代大学英语优质化教育实践研究》《教育经济学原理基础》《"院园合一"机制下基于工作室的创新创业教育实践研究》等多部，并由教研室组织编纂出版《创业教育实训教程》和《求职勇闯六道关》2 部校本教材。目前结题省级教学改革重点课题 1 项，承担省级教学改革课题（面上项目）2 项，结题校级创新创业教育专项课题 50 余项。

4. 师资队伍建设和学生团队管理

积极打造"专创融合"的"双师双能型"师资队伍，先后选派教师参加山东省高等学校创新创业专项师资培训、北京大学创业训练营青岛市高校创业教育师资研修、山东省人社厅高校创新创业师资培训、《山东省创业培训系列教程》师资培训、山东省人社厅高校创业咨询师培训、青岛市科技企业孵化器从业人员培训等 16 项。基于创新创业教育发展需要，学院于 2018 年 12 月组建学校创新创业导师库，截至 2023 年 12 月，导师达到 1717 位。学院充分发挥创业者协会、KAB 俱乐部等学生社团作用，以培养学生自主创业意识、增强社会实践能力和传播"双创"文化为宗旨，致力于举办中国国际"互联网+"大学生创新创业大赛、区级"黄海杯"大学生创新创业大赛等，给有理想、有抱负的大学生提供展示自我的平台。

5. 孵化基地和工作室建设

2014 年 4 月 17 日，大学生就业创业孵化基地正式揭牌成立；7 月与黄岛区人力资源和社会保障局联合成立青岛西海岸大学生网上创业园，并被认定为青岛市高校毕业生创业孵化基地。2015 年 9 月，基于"院园合一"校企协同育人机制成立青岛市跨境电子商务学会西海岸分会，同年 12 月成立创客学院，为基地创客搭建服务平台。创新创业教育学院成立后，以基地为依托，在学校大学生创业指导委员会、创新创业工作领导小组、协同创新专家咨询委员会指导下，承担全校创新创业理论和实践教学工作，着力构建"四三二一"创新创业教育系统，并基于创客工作室载体建设，接续完善孵化基地产业、学业、创业、就业循环衔接的产教融合生态体系，确保创新创业者实践活动有序开展。现已在全校辐射打造师生同创、企生共创、学生自创等工作室 200 余个，并以企业真实场景下的任务驱动推进实施项目化教学模式，成效明显。

6. 产教融合、校企合作情况

2009 年 12 月，学校与阿里巴巴集团校企合作共建阿里巴巴电子商务人才培养基地。2011 年，学校与阿里巴巴集团签订"共建商学院"协议，展开深入校企合作。2012 年 5 月，学校与中国门户网站网易校企共建网易——大学生创业教育实践基地，与阿里巴巴菜鸟网络校企共建电子商务创业及物流实践教育基地暨阿里巴巴服务站。2013 年，学校与阿里巴巴战略合作伙伴山东网商集团共建大学生就业创业孵化基地，立足青岛区域经济特色，引入青岛本土 24 家电商企业进驻高校，校中企、企中校、校企融合、课岗融替。2016 年 1 月，与北京京东世纪信息技术有限公司共建校企合作单位，并正式与阿里巴巴集团合作共建跨境电商人才培育基地；3 月，阿里巴巴"百城千校、百万英才"青岛黄海学院电商人才培育基地启动会暨阿里巴巴·青岛黄海学院大型电商人才双选会在学校成功举办。

近年来，基地先后与青岛苏比乐进出口有限公司、青岛速美全球国际贸易有限公司、青岛聚东实业有限公司、青岛金凯创工业品有限责任公司等 32 家企业开展校企合作，涉及领域包括内贸电商、跨境电商、市场营销、旅游管理、创业服务等，为学生提供了充足的创新创业实践和专业实训平台。

与民建市南区委签署战略合作协议，聘任 26 位民建会员担任创新创业导师，与之携手开启更深层次的战略合作，并启动青岛中华职教社民建青岛市委"创新创业实践教育"讲堂。截至目前，校企共建网易大学生实践教学和创业基地、阿里巴巴国际站会员企业培训基地、阿里巴巴服务站电子商务与物流实践教学基地、东软睿道大学生实训实习基地、青岛聚品电子商务有限公司电子商务实践教学培训基地、北京益生康健电子商务有限公司校企合作办学基地、青岛天辰食品大学生实训实习基地等已达数十个。

7. 创新创业制度建设情况

实施创新创业"一把手"工程，调整创新创业教育工作领导小组成员，并在各二级学院成立创新创业教育工作领导小组，根据《青岛西海岸大学生网上创业园建设实施意见》，强化制度执行，保障创业园实体入驻、孵化和管理考核工作。完善《青岛黄海学院大学生创业孵化基地管理暂行办法》，规范创业实体准入准出制度、日常管理规章制度、过程监督制度、创业服务基地服务评价制度和后续跟踪服务制度。根据《青岛黄海学院关于大学生创业资金扶持政策的通知》，设立专项资金支持全校"双创"工作。全面落实《青岛黄海学院创新创业教育改革实施方案》，形成由创业类基础课程、青岛区域特色创业课程和专业创业类课程组成的创业教育模块，并将创新创业教育与学分挂钩。出台《青岛黄海学院创新创业学分认定管理办法》，建立创新创业学分积累与转换制度，共同审核评定学生在创新实验、技术研发、论文发表、专利获得、竞赛成绩和自主创业等方面取得的成果，创新创业学分等量置换相关课程学分。健全《青岛黄海学院创新创业学生管理办法》《青岛黄海学院创新创业兼职导师暂行管理办法》《青岛黄海学院创新创业工作教师绩效考核制度》等，将创新创业教育业绩纳入教师绩效考核、职务晋升和职称评审，完善了师生创新创业激励机制。修订《青岛黄海学院大学生创新创业训练计划项目管理办法》，确保并推动了大学生创新创业训练计划项目顺利开展。

8. 奖项和荣誉

先后荣获全国民办高校创新创业教育文化建设奖 1 项、山东省级教学成果奖二等奖 3 项，山东省教育科学优秀成果奖二等奖 1 项、青岛市级成果奖二等奖 1 项，并荣获山东高校首届轻创业大赛最佳组织奖、"文硕杯"第四届山东省大学生医养健康创新创业大赛优秀组织奖、青岛市"海鸥行动"大学生创新创业大赛优秀组织奖、第八届和第九届"市长杯"·海创汇·中小企业创新创业大赛（创客组）优秀组织奖等。成为省、市级服务外包人才培训机构，并被认定为国家级众创空间、全国大学生 KAB 创业教育基地、省级大学生创业孵化示范基地、省级创新创业典型经验高校、共青团山东省委青年就业创业见习基地、省级跨境电商实训基地、省级普通高校示范性实习（实训）基地、青岛市大学生创业培育"海鸥行动"集训基地、青岛市高校毕业生创业孵化基地、青岛市巾帼"三创"示范基地、阿里巴巴"百城千校、百万英才"电商人才培育基地等。学校创新创业教育学院成为首届全国产教融合创新创业大赛山东分赛承办单位，第八届 IHCN 中国创业者大会战略合作单位，成果参展第 56 届高博会；2021 年基于"院园合一"校企协同育人机制以产教融合为路径提升工作室制人才培养实效和建设实训基地的典型案例，入选教育部首批产教融合实训基地优秀案例集；以专创融合为抓手促进应用型高校转型的集群化建设案例，参展教育部第七届产教融合发展战略国际论坛，受到教育部原副部长鲁昕的推介。2022 年，《实施"三业融合"育人战略，培育"敢闯会创"应用型人才》典型案例，入选教育部第八届产教融合发展战略国际论坛"四个一"线上巡展活动名单。2023 年，《"院园合一"机制下基于工作室的跨境电商人才培养典型案例》，入选产教融合校企合作百篇样板案例，由清华大学出版社出版，并授权山东省教育厅出版题为《坚持"三全三制""四领四融"，深化创新创业教育改革》的典型案例。

## 五、创新点

此项研究首先基于产教融合校企合作机制创新，更加凸显工作室制教学情景化和学习项目化，实现了"知行合一"。其次创新了应用型高校育人模式，使人才培养有了工作室载体，将高校教师、在校学生、社会企业三者有机结合，实现了教学目标与岗位职责对接、教学过程与岗位工作内容融合、课程考核与岗位考核相统一，探索出了一条系统化的应用型人才培养改革新路径。

（一）学生自主"点选"课程，满足个性化需求

发挥工作室载体的实践技能提升功用，深度打造凸显区域特色和专业品质的课程模块，形成学生个性化"点选"的创新创业课程，发挥其主动参与、乐在其中的辐射效应，为实现学生由被动接受变为主动定制构建平台，理实一体地促进创新创业教育朝着更优质化方向发展。

（二）熔炼"双师双能"，实现教师角色"旋转"

工作室载体打破了常规束缚，基于师生同创、企生共创、学生自创三种创业形式，锻造专创融合的"双师双能型"师资团队。而对于其他师资力量，则通过打造"旋转门"实现分流，以此发挥资源协调、组织联动等有效作用，为全面提升学生"敢闯会创"素养和实践应用技能赋能增效。

（三）实施"四段式"教学评价，乐享实践过程

注重创业教育、创业孵化、技能应用和项目运营的全程式、科学性评价，并依据阶段差异性设置不同考核内容和相关比例。力求通过适度打破专业限制，融通选修课程，疏通"外语+"航道，发挥导师引领和线上线下平台"双效"作用，使学生创新有道、创业有为。

**六、社会应用价值**

研究组切实以运营真实项目"列榜单"，以激发创新潜质"增动力"，以开展育孵创研"进赛道"，以做好实训演练"提素养"，以提供优质服务"创佳绩"，相关教改成果得到广泛应用并取得了一定成效。基于工作室的应用型本科创新创业教育模式不仅培养出一大批适应产业发展需求且与职场岗位相匹配的实战人才，也开辟、拓展了应用型人才培养路径，即通过"低重心"建设工作室载体实现高质量发展，以项目化教学"理实一体"推动教学模式改革，确保了学生高水平创业和高质量就业，增强了社会岗位需求与创新创业人才培养的契合度。

**七、青岛黄海学院取得的教改成果及推广应用**

研究组不断强化工作室载体建设，探索一核引领、两翼协同、三体交融、四阶递升的创新创业教育模式，基于三层进阶、金字塔式的创新创业人才培养体系建设，构建了创新、创意、创造、创业四要素融入、必修课程+通识课程+专创融合课程的通专衔接、思创融合进阶式课程体系，打造了专兼结合、高效产出的师资队伍，完善了教创赛孵、一体多翼的创新创业实践平台，落地了学以致用、四阶递升的创新创业评价体系，营建了专创融合、思创融通的创新创业文化氛围。

（一）人才培养

1. 构建了三层次、金字塔式创新创业人才培养体系

以工作室为载体，打造"四三二一"创新创业教育系统升级版，接续完善"普及、提升、拔尖"三层次、金字塔式双创人才培养体系；并锚定高素

质应用型人才培养，构建了双创必修课程+双创通识课程+专创融合课程的通专衔接、思创融合的进阶式创新创业教育课程体系。

2. 提升了学生"敢闯会创"素养和双创实践能力

学校经过15年探索实践，以工作室为载体培养了近8000名创新意识强、创业能力高的优秀大学生，使学生的职业素养和创新实践能力得到了显著提升，为促进区域经济社会发展提供了新动能；校企师资融合为学生授课、指导创新实践项目，优化了实践教学师资队伍结构；构建了"专业群+微创新"生态，并基于科技创新、网上创业和文化创意，打造出一大批创新实践工作室平台，汇聚了优势资源，助力了学生创新创业实践活动，辐射效用明显。

3. 发挥覆盖全校的辐射作用

基于前期近百个跨境电商工作室建设基础，已进入工作室进行实习实训的学生达到数千人，并辐射全校各专业成立200余个工作室。2022年，青岛黄海学院自动化技术科普工作室被认定为"第一批山东省科普专家工作室"。

4. 工作制创新创业教育模式有效提升了学生综合素养和专创融合能力

通过对进入工作室的近200名学生进行调查问卷，100%的同学认为工作室能够促进学生"敢闯会创"素养、真实场景应用能力提升；100%的同学认为工作室能够拓宽学生的跨学科知识面；近50%的同学同意工作室对于培养学生就业创业能力大有裨益。

（二）专创融合课程建设

通过深度挖掘二级学院各专业教育中的创新创业素材，围绕创新、创意、创造、创业四要素，构建双创必修课程+双创通识课程+专创融合课程的通专衔接、思创融合进阶式课程体系，目前《创业基础》已建成山东省社会实践一流课程，《就业指导》已建成校级一流课程。持续推进了专创融合课程建设，现已完成43门专创融合课程建设任务。

2022年，学校《便捷操作 智慧生活》和《绘画语言解析》两门"专创融合"课程成功入选省教育厅社区教育优秀课程资源，为进一步完善学校创新创业教育实践和成果孵化"两位一体"的教学体系奠定了基础。

1. 对专业群建设的全面促进作用

通过工作室制创新创业人才培养，全面推动了专业群教学基本建设，建设了一系列在线课程等教学资源，有效促进了一流课程和一流专业建设。

以工作室为载体，聚焦区域产业链，布局六大专业集群，校企合作开发了专业群内相关课程。现已在山东省高等学校在线开放课程平台推出 7 门课程，在学银在线平台上线 9 门课程，在"智慧树"在线教育平台上线 7 门课程，90门课程上线国家高等教育智慧教育平台。

2. 对课程建设的影响作用

近年来，学校围绕创新性、高阶性和挑战度"两性一度"，积极推进"金课"建设，相继出台《青岛黄海学院本科教学质量提升行动计划（2020—2022）》《青岛黄海学院一流本科课程建设（"百门金课"建设工程）实施方案》，构建国家、省、校"三级五类"一流课程建设体系。现已获批国家级一流本科课程 1 门、省级一流本科课程 11 门、省级课程思政示范课程 1 门，立项建设校级一流课程 58 门、校级课程思政示范课程 39 门、校级课程思政培育项目 41 项，3 门课程入选电商教指委第三批优质慕课，4 门课程获批省继续教育数字化共享课程。

3. 对专业建设的作用

2023 年，电子商务和船舶海洋工程两个专业入选在青高校服务地方活力绩效评价及产教融合示范学科专业名单，凸显了创新创业人才培养机制重点，对接了区域性产业链，推动了传统产业数字化转型，并通过搭建专业+产业+创业"三业融合"空间、平台，落地工作室制项目化教学模式改革，形成了"1+1+N"产教融合特色育人体系，为培养具有国际视野、创新创业潜质和实践能力的高素质应用型创新人才赋能。

（三）教改项目与成果获奖

以"院园合一"机制下跨境电商工作室载体人才培养为抓手开展了一系列教学改革，获得省级及以上教学成果和科研成果 4 项。

1. 教学改革

开展一系列省级教改项目 22 项，开展纵向教科研课题研究 15 项，与山东网商集团、青岛市跨境电子商务协会、山东省跨境电子商务产教联盟、青岛丰一顺国际贸易有限公司、青岛琅琊台酒厂、无锋青岛电商基地等单位紧密合作开展横向课题 10 余项，校企开发教材 5 部。

其中，专著《"院园合一"机制下跨境电商工作室制人才培养》再版发行 2000 册，《"院园合一"机制下基于工作室的创新创业教育实践研究》发行 1000 册；教材《视觉营销设计》再版发行 10000 册，《新媒体营销》发行 3000 册，《网店服务》发行 3000 册。"十三五"国家规划教材《建筑工程经济》自使用以来，获得师生较好口碑。

2. 成果获奖

荣获山东省第九届教学成果奖（高等教育类）二等奖 1 项、山东省教育科学研究优秀成果奖 1 项和第八届（2021 年度）山东省人力资源社会保障优秀科研成果三等奖 1 项，并获得校级教学成果奖特等奖和二等奖各 1 项。

3. 教改论文、著作与案例

基于本项目出版著作 2 部，发表论文 6 篇，入选典型案例多篇。其一，出版专著 2 部。2021 年 4 月，出版专著《"院园合一"机制下基于工作室的创新创业教育实践研究》（中国海洋大学出版社）；2022 年 6 月，出版专著《基于工作室的应用型本科创新创业教育模式研究与实践》（中国海洋大学出版社）。其二，发表论文 6 篇。研究组在中国知网公开发表《"四个自信"视域下基于工作室的创新创业教育模式构建路径》《基于专创融合的影视文化卓越双语应用型人才孵化体系构建策略》《基于工作室的 TBES 项目制教学模式探索与实践》等论文 6 篇，并辐射带动全校教职工发表创新创业高水平论文 16 篇。其三，典型案例多篇。研究组在工作室制创新创业教育模式构建过程中积累了多篇典型案例。2020 年 10 月，《以专创融合为抓手促进"应用型"转型》案例在教育部第七届产教融合发展战略国际论坛上受到教育部原副部长鲁昕推介和点赞。2021 年 3 月，《院园合一的协同机制——青岛黄海学院产教融合实训基地》案例入选教育部首批产教融合实训基地优秀案例（2020 年由中国财政经济出版社出版）。2023 年 7 月，《"院园合一"机制下基于工作室的跨境电商人才培养典型案例》入选清华大学出版社出版发行图书《2021—2022 产教融合校企合作典型案例 100 篇》。2021 年，学校面向全校征集，最终评定 20 个"工作室制人才培养优秀典型案例"。

4. 集体荣誉与获奖

基于"院园合一"校企协同育人机制深度完善，打造"四三二一"创新创业教育系统升级版，深入推进工作室制创新创业人才培养实践落地。学校熔炼数字经济创新创业园获批科技部众创空间、省级大学生创业孵化示范基地、省级跨境电商实训基地等优秀成果，着力于搭平台、建载体，有效拓展低成本、全要素和开放式场域空间，一体化提升创新创业指导和服务水平。学校荣获山东省创新创业典型经验高校、山东省创客之家、青岛市青年创新创业基地等荣誉。

5. 项目和成果

全校教师围绕工作室制创新创业人才培养，展开深入研究，获批教育部产学合作协同育人项目 16 项。2021～2023 年，国家级、省级大学生创新创业训练项目结题成果中共发表论文 253 篇，申请实用新型专利 156 件、软件著作23 项、竞赛获奖 160 项、产品雏形 41 件，注册企业达到 5 家。

（四）师资队伍建设

注重专兼结合、内外协同的高素质创新创业导师库建设，吸纳社会各界精英组建 1717 人的导师团队，指导大学生创新创业实践活动。学校出台并修订《青岛黄海学院创新创业兼职导师暂行管理办法》，以"德高艺精"锻造双师双能型专创融合教师队伍，培育出山东省高校黄大年式教师团队、航空材料高精密加工创新团队、山东省青创人才引育项目"大数据与商务智能社会服务创新团队"、数字乡村产业振兴社会服务团队和"大数据赋能铸牢中华民族共同体意识宣传教育"山东省哲学社会科学青年人才团队等，并通过举办学术论坛、参与创新方法和思维研究、参加教学大赛等形式，有效增强了实践指导能力和辐射影响力。

2023 年 3 月，山东省教育厅下发《关于公布 2022 年山东省高校创新创业类精品微课比赛获奖名单的通知》，学校艺术学院万蕾老师的专创融合课"镜头景别的功能"荣获一等奖，创新创业教育学院暴海忠老师的通识课"创业，你误解了吗？"和国际商学院曾海容老师的专创融合课"品牌如何创新"荣获二等奖。

2021 年，"国际贸易实务——课程+竞赛+工作室三阶三提升式教学模式"参加全国高校商业精英挑战赛国际贸易与经贸会展竞赛荣获特等奖；宋鹏程老师主讲的"国际货运代理"获得一等奖；王宽、张燕两位老师主讲的"跨境电子商务"和"外贸函电"获得二等奖。同年，王式晔、常冶衡两位老师荣获山东省青年教师讲课比赛一等奖，王光颖老师获得二等奖，刘晓玲老师获得三等奖。暴海忠老师在山东省黄炎培职业教育创新创业大赛教师创新指导大赛中荣获二等奖。

近年来，学校师资团队在山东省科协指导下，共承办以"平台助农创业增收""讲好新时代黄河故事 科技赋能乡村振兴"等为主题的山东科学大讲堂活动 6 次，辐射影响深远。教师参加第二十七期应用型高校课程（创业教育）建设研修班、第二十一期应用型高校课程建设研修班、山东省创业培训系列教程师资培训班等创新创业主题培训 10 余次。

（五）双创平台建设

借助"黄海 e 代人"创客空间、山东省大学生创业孵化示范基地、山东省跨境电商实训基地、工业机器人技术研发中心、青岛西海岸网上创业园等十余个平台，推进工作室载体建设，着力增强创新创业教育及其实践成效。并将全校创新创业项目纳入"大学生创新创业训练计划管理系统"，分层分类进行筛选、熔炼与提升，助力学生创新创业项目的接续打磨和提质进阶。2021 年 7 月，经中国技术创业协会创新创业专家工作委员会认定，国创导师工作站落户青岛黄海学院。

学校高度重视信息技术与教育教学的深度融合，推动智慧教育教学理念转变、智慧教学方式创新和教育质量提升，推进教学模式变革与人才培养创新。2023 年获批第三批山东省"智慧教育示范区（校）"创建单位，打造出智能、泛在、融合的教学空间，使课程内容呈现更加生动和直观，让教育环境和教育体系变得更为智慧，进而实现从基础到应用再到全面智慧的跃升，创新了"教、学、研、创、考、评、管"一体化智慧教学模式，建设成产教融合的数字教育教学资源，通过搭建产教融合数字化平台，更好地服务于应用型人才培养。

2021年3月，青岛黄海学院正式入选"中国高等教育学会创新创业教育分会"会员单位，优先承担该分会发布的科研课题、活动组织等，通过与全国其他高校的深度合作与交流，进一步增强对创新创业有关政策的研究和实践，有力推动本校双创教育迈上新台阶。

（六）评价体系建设

以学生为主体，培养其创新思维、创造能力和实践能力。打造"知行合一"工作室载体，将创新意识、创业能力和创意实践纳入学生"敢闯会创"综合素养评价体系，改变传统评价方式不能与时俱进、主体参与过于单一、内容板块缺失实践等状况。通过推行导向明确、正向激励、适时反馈、逐层进阶的过程性评价方式，形成了评价全面、增效可见的创新创业教育评价体系，为服务区域经济社会发展培育有初衷、会创新、懂创业和敢挑战的新时代应用型人才。

具体实施的"四段式"评价，注重创业教育+创业孵化+技能应用+项目运营的全程式、科学性评价，凸显阶段的差异性、考核内容对应性和比例设置合理性。通过开展跨专业、融通性选修课程和疏通"外语+"航道，将导师引领和线上线下混合式平台作用发挥得淋漓尽致，助推了学生创新创业实践有效开展。

（七）文化氛围营建

以增强创新创业意识、锻炼创客实践思维、激发学生内生动力和培育优质双创成果为目的，积极营建创新创业文化，为大学生创客参与双创实践活动筑建实践乐园。基于物质文化、行为文化和精神文化三个维度，形成了显性呈现、隐性培育的创新创业文化体系。即在物质维度方面，优化环境，夯实"可视化"双创文化根基，通过建设导师墙、成果展画廊、主题网站等，推介双创教育特色和实践效用；通过"一地三园"建设，优化人文景观与环境建设布局；通过撰写学校创新创业教育发展史、编写典型案例集等，丰富双创物质文化载体；通过一室一企业、一生一项目和一院一品牌等，融合式提升创新创业教育综合实效。在行为维度方面，坚持跨界融合，打造"无障碍"双创文化平台，以此拓展弹性力强且极具人性化的创新创业人才培养路径，搭建

"行稳致远"的场域空间，建成一批师生同创、企生共创和学生自创的工作室载体。而在精神维度，则树立样板，营建"普惠性"双创文化氛围，通过疏通上下联动、内外协同的工作机制，推进院系互动、促进专创融合和产教融合，有效激发大学生个体创造性、群体创新力，实现创新创业教育"全覆盖"。

（八）实践推广应用

首先，项目成果基于前期在校内跨境电商相关专业人才培养中的实践应用，逐步延伸到各个专业，并得到有效推广与实施应用。工作室制人才培养模式改革极大促进了学校产教融合、专创融合、校企合作等深入开展，使青岛黄海学院在建设新时代园区大学过程中迈出了坚实的步伐。

其次，任务驱动下的项目化教学解决了人才培养与企业岗位需求相脱节问题，保证了学生高质量就业，满足了行业企业发展对于人才的迫切需求，凸显了办学特色与品牌亮点，使学校在成为科技部第三批众创空间、省级大学生创业孵化示范基地、山东省创新创业典型经验高校、全国跨境数字贸易产教融合共同体、全国跨境电商专业人才培养示范校、山东省跨境电商实训基地等基础上，更加获得强劲的发展动力。

再次，项目成果使工作室建设"遍地开花"，极大促进了各专业广泛开展师生同创、企生共创和学生自创型工作室实践落地，推动了专创融合、产教融合和思创融通，使学校自成为最具创业竞争力民办大学以来，在创业教育、创业活动、创业潜力、创业人才等方面更加彰显优势，为创响黄海品牌、更好地服务区域经济社会发展奠定了基础。

最后，项目成果形成的示范带动效用及经验做法，在地方性应用型本科院校中得到推广应用，对于创新创业教育学院、大学科技园和就业创业孵化基地建设等具有借鉴价值，吸引了部分兄弟院校和社会各界人士前来参观学习共计6000余人次。学校先后与中国海洋大学、山东协和学院、青岛大学等共建山东省创业培训示范项目模块课程、共享大学生创业孵化基地资源、共话创新工作室创新发展等；与山东网商科技集团有限公司、华为公司、蓝鸥科技有限公司等联合举办创新论坛；与青岛中华职教社、民建青岛市委合作开展"创新创业实践教育"。青岛西海岸新区工委书记、区委书记孙永红一行莅临青岛黄海学院大学生科技园区和大学生创新创业孵化基地，实地调研创新人才培养推进校地融合情况；3月，青岛市政协党组书记、主席杨军一行先后视察了学校大学生科技园区和大学生创新创业孵化基地，并与师生进行互动交流，充分肯定了学校坚持高质量办学服务地方经济社会发展的创举。

（九）社会服务和辐射影响

1. 社会服务

搭建创新创业平台，服务于海青镇、琅琊镇、大场镇、六汪镇等乡村振兴和电商企业创新创业，并组建团队提供创新创业服务，助其广泛推广乡创产品，有效地促进了村镇街区产教融合项目落地和企业创新发展。

2. 辐射影响

学校创新创业教育学院深度凝练工作室制创新创业人才培养模式，基于"院园合一"校企协同育人机制、学业+产业+创业"三业融合"育人战略等申报典型案例，连续三年参展教育部产教融合发展战略国际论坛（IFIE），先后入选教育部首批产教融合实训基地优秀案例、"四个一"线上巡展课程，并受到中国职业技术教育学会会长、教育部原副部长鲁昕的高度赞扬，百余家媒体进行实况报道，国育大讲堂微博视频145万人次观看，在线观看直播总人数达到557万人次，相关经验作为典范得到广泛推介。

近年来，山东教育新闻网、中国网、新浪网等媒体报道了学校产教融合背景下工作室制应用型人才培养新闻。"学院+产业园"的"院园合一"创新创业人才培养路径被《中国教育报》报道，"青岛黄海学院搭建孵化平台助力学生创业"实践活动被中央电视台、青岛电视台等报道。《大众报业》《青岛日报》等多家媒体报道了《院园合一的机制——青岛黄海学院产教融合实训基地》案例成功入选教育部优秀案例。学校深耕专创融合，倾力打造专业"集群"和学生化身主播带货掀起校园直播嘉年华等新闻也得到广泛报道。中央电视台、新华网、《青岛日报》等从不同侧面报道了学校工作室制创新创业人才培养成效。

# 第五节 现代产业学院赋能乡村振兴的
# 创新性路径研究

此项研究立足于现代产业学院建设实际，结合乡村振兴国家战略和区域发展规划，首先对国内外相关研究的学术史进行了梳理，并就其研究动态展开关注，旨在基于已有研究，有针对性地优化研究框架和深化研究内容，并不断探索适用路径，着力创新既定模式，以呈现独到的学术价值和应用价值，赋能乡村振兴及其相关研究。

## 一、国内外学术史梳理及研究动态

根据中国知网仅有的 20 余篇乡村振兴现代产业学院主题论文数据分析，国内相关研究尚属稀缺状态，大体以现代产业学院赋能乡村振兴的内在机理与实践路径、校村企融合发展、乡村振兴创新人才培育模式研究为主，并就乡村振兴现代产业学院的制度设计、困境展开探索，研究问题解决方案和推进策略。如钟世激（2023）发现乡村振兴现代产业学院把"内生动力—外部支持—效能提升"作为赋能乡村振兴的内在机理，使产教融合在乡村振兴中"大有可为"。黄丽颖等（2022）对"校村企"文旅融合发展进行研究，提出搭建长效机制、探索乡村振兴现代产业学院建设路径、增强乡村产业人力供给能力和强化乡村振兴人才职业培训等策略。景莉莉（2019）研究提出坚持产教融合、育人为本，做好人才集聚和文旅资源共管、共享、共创。吴显嵘（2018）则对现代产业学院建设的机理及路径展开研究，强调注重满足区域行业、产业链条、校企协同发展需求，以学科或产业为载体建立专业+职业一体化教育机制，凸显文旅融合综合成效。王娇娇和韩鑫彤（2024）认为对接产业需求是现代产业学院建设的关键与逻辑，发挥融合职能、完善治理体系并提升建设水平，方能保障多方效益。以上均表明，乡村振兴人才是国家实施乡村振兴战略的刚需，乡村振兴学院建设打通了人才培养与现代产业学院需求间的"最后一公里"，有助于培养新型职业农民，激活文旅融合内生动力，打造乡村振兴人才高地，发挥人力资本聚合效应，构建乡村振兴产学研创用命运共同体。然而，不少研究在基层组织建设落地方面却"有心无力"，实效不强。

国外在此方面的探索少之又少，主要聚焦于缩小城乡发展差距问题，根据时段周期不同，在方针和制度上予以倾斜。如美国分别开启了专门具体的立法、城乡融合与政策整合工作及改善文旅基础设施等，并提高资金投入，依法规范农村发展相关行为，以制度保障、政策指导、职能强化等推动农村长足发展，为全局发展奠定根基。纵览欧美国家乡村振兴相关研究，值得我国借鉴的是既要注重政策连贯性与一致性，确保乡村振兴不断档、不脱节，又要将文旅融合机制健全贯穿始终，严整高效推进城乡融合，拓宽视野，提升配套服务，赋予乡村振兴人才在竞争中取胜的法宝。

## 二、研究对象、总体框架、重点难点和主要目标等

以现代产业学院为依托，基于生态圈打造目标、总体框架设计、症结问题解决、人才培育乐园建设等，聚焦重点、突破难点，并积极探寻和切实落地相关思路方法，为有效拓展乡村振兴路径和实现创新发展奠定了基础。

（一）深挖内涵，依托现代产业学院载体，打造产教融合生态圈

剖析新时代产教融合式、体验式、创新型和实用性等综合特征，研究如何深寓文旅融合内涵、"亦校亦企"落地工作室载体建设，助力乡村振兴高素质人才培育；研究如何以文旅融合为路径、以专创融合为抓手、以现代产业学院为依托，进一步强化校、政、行、企四方联动作用和完善学院+产业园的"院园合一"校企协同育人机制，并升华自身作为国家级众创空间、省级大学生创业孵化示范基地等建设经验，进一步形成产、学、研、创循环衔接的产教融合生态圈，在乡村振兴人才培育上不断提质、增效和培优。

（二）实施"一体多翼"推进和"低重心"拓展的总体框架设计

首先，"一体多翼"推进乡村振兴现代产业学院综合建设。以乡村振兴现代产业学院为母体，发挥乡村振兴党性教育基地、政策研究基地、人才培养基

地、人才实践基地、科技研究基地五大实体"多翼"作用，融合式培养乡村振兴人才。

其次，"放低重心"拓展乡村振兴现代产业学院建设路径。强化工作室载体建设和微创新生态构建，多渠道延伸乡村振兴现代产业学院建设的场域空间，以基层组织建设为切入口，将乡村振兴人才培养纳入生态体系架构之中，紧抓乡村振兴远景规划，稳建乡村创新高效平台，强推校企协同育人机制，汇聚校政行企多元要素，着力构建适应性强、聚合度高且辐射力大的现代乡村产教融合育人新机制。

（三）树立问题导向，深化重点，找准难点，解决实际症结问题

重点在于细化乡村振兴现代产业学院建设路径，打造乡创工作室基层实体组织，有效延伸乡村振兴人才培育的场域空间，更好地助力于区域经济社会发展。

难点在于如何"低重心""强实效"建设乡村振兴现代产业学院，解决产教融而不合、克服乡创品牌消逝快现象，培育高素质人才，为乡村振兴建功立业。

（四）发挥乡村振兴现代产业学院综合功用，打造人才培育乐园

打造乡村振兴人才培养"孵化器"、铺筑技能培训"大课堂"、搭建成果展示"大平台"、建设理论研究"集散地"、打造实践应用"指导站"和贯通战略决策"信息源"。发挥乡村振兴现代产业学院的综合功用，基于工作室载体构建功能齐全、实效明显的乡村振兴人才培育乐园，促进校地融合发展，实现多元主体机制共管和资源共享，为区域性乡村振兴现代产业的发展提供新动能，为加快农业农村现代化输送高素质人才。

具体体现在以下三点：第一，"低重心"建设工作室载体，解决乡村人才孵化链条松散低效问题。聚合镇街优势资源，降低建设重心，放开姿态育人才，实现校政行企多主体联动打造乡创工作室实践载体，以此舒缓乡村振兴人才孵化链条推而不转、抱而不紧和行而不通等尴尬境地，提升乡村振兴人才转换及其流动的效率。第二，构建"融合式"育人新机制，解决乡村振兴产教融合浅尝辄止问题。以工作室为实践载体，厘清产教融合、专创融合、思创融

合和科教融合的内在机理，构建工作室制乡村振兴人才培养新机制，深层次、多层面延伸产教融合育人机制不断完善的微创新、生态化场域空间，赋能乡村振兴高质量发展。第三，打造"小而美"微创新生态体系，解决育人要素活力激发疲软问题。适应乡村振兴现代产业需求，基于文旅艺术、直播电商等微生态创建，打造乡村振兴生态圈，通过建设乡村振兴实践基地、技术中心等，多渠道拓宽融合路径并深化模式改革，内外协同增强乡村振兴核心动能。

### 三、研究的思路方法

本部分内容对五个层面的基本思路进行了解读，对具体的研究方法、计划实施及其可行性界定等进行了剖析。现结合现代产业学院赋能乡村振兴的创新路径一一加以说明。

（一）能引领、可打造、可培育、能接续的基本思路

其一，坚持党建引领，打造乡村振兴党性教育基地。以党建引领为中心，整合区域教育培训资源，紧密贴合乡村振兴时代主题，形成党性教育特色育人体系。围绕党性教育、红色教育、思政教育、家风教育、新时代工匠精神和素养教育、实践教育等，发挥党员模范带头作用，提升文旅融合整体水平，掌舵乡村振兴人才培育。

其二，树立服务意识，打造乡村振兴政策研究基地。开展基于文旅融合的乡村振兴战略发展规划、技能培训、信息咨询与实践论证等工作，统筹乡村振兴战略实施的理论研究，为地方政府提供相关决策咨询、政策建议、规划报告，向社会提供信息服务，着力建设服务导向明确的乡村振兴政策研究基地。

其三，优化资源整合，打造乡村振兴人才培养基地。整合乡村振兴文旅融合资源，形成集实践教学、社会培训、企业生产和社会服务于一体的现代农业人才培养供给新高地，完善乡村振兴人才融合式培养模式，着力培育专业知识、实践能力结构与乡村振兴战略需求相适应的专门人才。

其四，围绕"三进"，打造乡村振兴人才实践基地。依托乡村振兴学院优势平台，打造人才实习实训、调查研究、社会实践、劳动教育等活动场所，为人才提供研究农业、农村和基层锻炼学习的机会，开展人才进街道科室、进企

业岗位、进村镇组织的"三进"活动，汇聚融合力量，为乡村振兴提供理论知识和智力支持。

其五，启动人才引擎，打造乡村振兴科技研究基地。致力于推进文旅融合改革和乡村振兴战略的有益探索，开展农业科学研究，以成果反哺社会，探索服务模式，创新服务方法，明确主攻方向，面向乡村振兴主战场，为区域性乡村振兴提供理论创新与实践借鉴，做乡村振兴战略的人才引擎、科技支撑和研究智库。

（二）有调研、有融合、有机制、有复盘的研究方法

研究采取政策分析法、问题研究法，文献查阅法、案例分析法、质性研究与定量研究相结合等。通过查阅资料和实地调研，全面了解和解读文旅融合主题大政方针，并逐步落地到乡村振兴现代产业学院建设模式构建和路径拓展方面。针对乡村振兴人才培养中的堵点、痛点问题，广开言路，探究对策，深入对比，"不走寻常路"地实施学业+产业+创业"三业融合"育人战略，多主体打造乡村振兴人才孵化机制。基于数据整合，深度解析关键信息，研究乡村振兴现代产业学院建设成效，并辅以典型案例剖析复盘实践，形成可复制可推广经验。

（三）成样式、有势头、见成效、能推广的实施计划

此项计划分阶段开展研究，力求实现三个月"成样式"、半年中"有势头"、十个月"见成效"和一年间"能推广"的基本目标。

首先是"成样式"，即汇集关键资料，知悉国内外研究现状，拟订实施方案，接续改进使之成形、有样。其次是"有势头"，即探索特色鲜明、视域开阔和贴合实际的建设模式与拓展路径，使之上规模、见力度。再次是"见成效"，即完善研究框架，落地"融合式"构建，并整合、优化核心数据，深度熔炼标志性成果。最后是"能推广"，即复盘行动方案，拓展路径实现"可追溯"，形成推广经验丰富和落地效果较好的总结报告。

（四）可行性界定

基于产教融合内核辐射，构建工作室"微生态"，有利于规避现代产业学院建设与乡村振兴人才培育间融合低迷、聚合低效等问题，便于集聚文旅合

力、深化载体功效，重塑树人、立新和赋能互利共生关系。将现代产业学院建设作为"敢闯会创"素养提升实际抓手，疏通了乡村振兴人才培育成效低、交融浅、路径窄等壁垒，在实现多主体协同共建人才孵化体系上具有可行性。

此项研究凭借趋势所向和政策引领，厘清了乡村产业高质量发展的时代特征，探索乡村振兴人才培育最佳路径。团队融合性强，长期致力于工作室制乡村振兴人才培养研究，在技术与能力方面均有保障。加之研究的资金支持和人员保障到位，能够确保现代产业学院赋能乡村振兴的创新性路径得到有效拓展。

**四、创新之处**

这一部分内容特色较强，且集中凸显多个创新点，具体体现在学术思想、学术观点、研究方法三个方面。

（一）做大乡村振兴的"蛋糕"，增强研究的"引擎"力量

培育乡村振兴人才是马克思主义方法论的生动体现。乡村振兴现代产业学院建设补人才稀缺之短板、兴产教融合新业态，可谓做大了乡村振兴"蛋糕"，是融合和引导更多资源、技术、人才等要素流向农业农村，并促其富强、壮美起来的关键，已成为全面实施乡村振兴战略及有效推进相关研究的"引擎"力量。在动态性较强的区域空间结构理论指导下，将该学术思想贯通始终，注重了乡村振兴的关联性、系统性和协同性研究，是把握乡村振兴生态系统性、融合性、平衡性及其内在规律的深刻体现。

（二）建设基层组织，拓展乡村振兴人才培养的场域、空间

乡村振兴工作室是乡村振兴现代产业学院建设的基层实体组织，有效拓展了乡村振兴人才培养的场域、空间，使文旅产业发展和高素质人才培养有了依附力量和孵化支点，为开辟中国式农业农村现代化新航道描画了新格局。

（三）采用多点连面、理实结合的研究方法提升建设的成效

其一，多点连面，注重"三力聚合"培育乡村振兴优秀复合人才。研究方法聚焦于乡村振兴现代产业学院建设的联动合力增强、内生动力激发和实践效力辐射，不仅贯通了文旅融合机制的牵引之力，也连通了工作室基层实体组

织的建设功效，使乡村振兴人才培育更"接地气"。其二，理实结合，倡导"一体多翼"推进乡村振兴现代产业学院建设。以文旅融合为拓展路径，以专创融合为实践抓手，通过依托文旅融合型乡村振兴现代产业学院母体建设，全力打造五大乡村振兴实践基地，畅通乡村振兴产业融合发展思路，理实一体推进乡村振兴人才培育。

### 五、独到的学术价值和应用价值

首先在学术上，相关研究对于动态性构建和完善行稳致远的乡村产业发展体系，具有较强的学术价值。低重心建设"美而强"的工作室实践载体，落地了乡村产业振兴发展的首要任务，理实一体促进乡村产业结构优化升级，并使人才培育质量得到了进阶和提升。

其次在实际应用中，坚持了立农为农、市场导向、融合发展、创新驱动等原则，可谓依托有力、优势明显且特色鲜明，能够将视角深深扎根于乡村，以惠农利农为根本，构建优化有方、落地可行、运维有效的乡村振兴现代产业学院创新模式，有利于提升新时代农民的实践技能，并为其提供更多的就业创业机会，通过强筑产业链确保增值、保值和多方收益；能够充分发挥市场资源配置的决定作用，激活镇街企业载体建设，引导优势资源要素流向乡村大地；能够发展全产业链模式，加快农业与现代产业要素的跨界配置；能够树立育人标杆意识，促进生产生活生态之间的协调发展，健全质量标准体系，培育文旅融合优质品牌；能够创建新业态、搭建新机制，增强乡村产业发展活力，实现"以院促建"和"以才助孵"，推动乡村产业高质量发展。

# 第六节 "三通四创"应用型创新人才培育体系构建探索

在新发展格局下，我国应用型创新人才培养存在"育而难融""融而不深"等现象。国内研究大都基于时代诉求和市场导向，锚定优质化、多样性人才培养目标，解析教育改革的逻辑起点，通过下移实践重心、细分服务区域和推进融合构建等多种方式，探索产教深度融合、校企紧密合作的有效模式，以此"补位"前瞻预设、规范治理和协同创新等实践方案，通过构建科学、健全的人才培养体系，尽力避免孵化机制僵硬失衡、技能提升低迷无力以及人才培养与职场需求契合度不强等现象。由此，基于"三通四创"构建应用型创新人才培育体系的设想，对于夯实产教融合基层实体工作室载体建设根基，着力发挥思政引领、创新引领、实践引领"三领"综合作用，并有效推进思创融通、专创融合、产教融合和校地融合"四融"实践落地，可谓意义非凡。其有益探索，正成为新时代不断完善应用型创新人才培育体系并使之落地的"助推器"。

## 一、相关研究学术史梳理及动态分析

有关应用型创新人才培育体系的研究，在国内外已经引起广泛的重视。这些研究不仅在内容上有着较大的覆盖面，也为深层次探索提供了一定的借鉴经验和可参考性数据。现就其基本情况，进行简要说明。

（一）国内研究梳理

经过梳理发现，中国知网相关主题的研究论文共有 30 余篇。其中倪国栋等（2022）以 CSSCI 数据库中 1602 篇有关创新人才培养的文献资料为研究样本，对相关热点和趋势进行了可视化分析，阶段性总结了研究的演进过程，主张围绕规律和路径、立德树人职责、教育国际化等方向展开探索，简略推介了学科协同、内外结合等方法途径；喻聪舟和温恒福（2019）基于解读教育治理现代化特色化发展新趋势，聚焦于解决教育发展不平衡、不充分的主要矛盾，提出应立足于中国特色促进融合式教育现代化；翟小宁和荣佳慧（2021）则研究了创新人才培养的国际经验及启示，基于分析国外培养创新人才的特点，提出构建产学研一体化培养模式。以上研究显然偏重于宏观层面，缺失科学适用的体系构建和针对性较强的路径拓展。

（二）国外研究梳理

英国相关研究主要体现在通过完善模块化双创教育课程体系、注重将理论知识嵌入专创融合课程，并辅以一系列的选修课程，帮助学生灵活制定适用性教育方案。新加坡通过内外匹配理论型+实践型专兼职师资，理实一体扩增所育人才的知识结构、专业领域和学科背景，以开阔其认知视界并不断拓展成长空间等。美国由于力主建立创新创业型大学，在创新人才培养方面经验较为成熟，位居世界前列。

由此也说明，在优质化创新人才培养已成时代发展迫切需要之际，亟须构建高效能、一体化、协同式的育人体系，为实现高质量产出延伸场域空间，为满足兜底需求提供机制保障。国外研究偏重于通过内外协同机制，细化实践单元，构建产学研合作的人才培养体系，并深化"项目或课题"合作模式，提升创新人才培养成效；或通过激发科技动能，建立市场化引导、系统化推进的人才培养机制。其做法对于我国应用型创新人才培养虽有一定的参考意义，但在国情契合度和体系构建的适用性方面，需要进一步斟酌。

**二、独到的学术价值和应用价值解读**

枯燥乏味和空洞虚浮的理论说教，只会给人留下拾人牙慧或者"人云亦云"的坏印象。实事求是的态度和求真务实的做法，才能真正令人心服口服。本部分内容力求理实一体地呈现研究的学术价值，并在实践应用方面凸显创新成效，以期对现有理论研究作出贡献，并加以验证或进一步充实。

（一）研究的学术价值

此项研究通过完善学院+产业园融合育人机制，低重心发挥工作室载体基层组织功能，夯实创新创业教育学院母体建设，以大学生创业孵化示范基地和创客工作室为"两翼"，不断增强思政引领、创新引领、实践引领"三领"综合实效，并发挥思创融合、专创融合、产教融合、校地融合"四融"育人体系辐射作用，深入推进科技创新、网上创业、文化创意、研学创行"四创"，形成立体化构建、多维度融合、协同式发展的应用型创新人才培育新机制，并依此拓展适用路径，打造创新人才培育新生态。

（二）研究的应用价值

研究成果可用于所有应用型高校，形成优质化教育发展新思路，构建知行合一的协同式创新人才培育体系，通过实施学业+产业+创业"三业融合"育人战略，提高多主体协同创新水平和所育人才的核心竞争力，为打造创新人才培育生态圈赋能。

**三、研究对象、框架、重点难点和主要目标**

"三通四创"作为概括性较强的基本理念，有其特定的研究对象，加之应用型创新人才培养的特质所限，更使其研究具备了宏观和微观双层面的实践价值和非凡意义。本部分内容对其研究对象、总体框架、重点难点、主要目标等进行简要说明。

（一）研究对象

锁定山东省内地方应用型本科高校和二级教学单位创新人才培育体系、机制建设和运行情况等，多视角、多形式对比国内外应用型大学创新教育相关经验与做法，基于本校应用型创新人才综合素养提升需要，探索适用路径，验证综合成效，并辅以典型案例，形成校外、省内可复制、可推广的经验。

（二）总体框架

以专创融合为抓手、以产教融合为路径，以现代产业学院为依托，理实一体搭建协同式育人体系，强化产教融合基层组织工作室载体建设，凸显以创新创业教育学院为母体、以大学生创业孵化示范基地+创客工作室为"两翼"，且能有序增强思政引领、创新引领、实践引领综合成效和有效促进思创融合、专创融合、产教融合、校地融合的育人体系辐射作用，凝练形成育人效果好、辐射范围广的典型案例与推介经验。

首先，多主体联动，"协同式"构建人才培育新机制。锚定市场需求，校政行企多主体联动，协同构建并完善本校学院+产业园融合育人机制，大范围落地校企紧密合作、产教深度融合，增强创新创业创客的"实训式"人才培养深聚合、强辐射作用。

其次，高效能拉动，"递进式"打造人才培养新模式。推进创新元素融入、产教一体牵引、思政教育渗透和校地融合疏通工作，拉动基础铺垫、专创融合、潜能开发、素养提升"四阶递升"式课程体系建设，助推高效能创新教育团队打造，铺展高效能育人平台，完善全要素、优质化人才评价机制。

最后，接续性熔炼，"链条式"形成人才培养新成果。以本校大学生创业孵化基地和数字经济创新创业园、大学科技园、影视产业园"一地三园"为主体架构，不断招才引智，凝练孵化链条，强化师生同创、企生共创和学生自创等多形式工作室基层载体建设，提高教育成果转化率，产生良好的品牌效应。

（三）重点难点

重点在于发挥"一体两翼"支撑引领作用，协同式构建人才培养体系和融合育人机制。夯实创新教育根基，落地样板化设计，打造高联动平台，推进生态型孵化，凸显集创新意识、专业品质、国际视野和创造能力于一体的链条式、接续性和多主体协同育人体系。立足实际深挖资源，聚焦产业发展和社会职场对于提升人才核心竞争力的刚性需求，构建学业、产业相融通，创业、就业相贯通的融合式育人机制，并依托现代产业学院铺展优质化创新教育的新格局，提升产学研创综合实效，树立创新人才"培优"典型。

难点在于如何有效构建高引领、全要素、深融合、强辐射的应用型创新人才培育体系。瞄准具有"敢闯会创"素养的应用型人才培养目标，探究如何创设真实场景，多维度增强创新人才培育质量的新模式，发挥思政引领、创新引领、实践引领综合作用，将专创融合、产教融合、校地融合等元素贯通于学业+产业+创业"三业融合"育人战略实施全过程，并基于工作室载体搭建渗透作用好、辐射效用强的创新人才培育体系，探索项目化教学实效提升的新路径和新方法。

（四）主要目标

主要目标所起的作用，在于"支配"和"决定"。因其存在与发展变化会直接影响到其他子目标，所以厘清它与其他目标的"关联"尤为重要。在此，单以它对机制引领和质量提升的"整肃力"和"助推力"作出简要解读。

其一，形成应用型创新人才"融合式"培育机制。将创新教育元素融入人才培养的全过程，夯实创新教育实体架构和技能提升的根基，以学生为主体，校企共建工作室载体；以产教融合为路径，一体化推进项目式教学，提升任务驱动和场景应用成效，形成多主体联动、多视角贴合和多层面推进的人才培育新机制。

其二，推进协同式培育体系"内涵型"质量提升。拓展校企合作场域空间，强化思政引领，落实立德树人的根本任务，增强熔炼师生专创融合品质、增强创新创造能力的内生动力，落地于培根育人、铸魂育人、实践育人和协同育人"四文化"融合育人品牌铸造实践，凸显高质量培育创新人才素养的浸润功效。

其三，构建生态型创新教育"可衡量"评价体系。凝练应用型创新人才培养的生态链条，解决产教融合、专创融合实践育人环节与社会需求的脱节问题，建成校企合作协同性高、考量标准适用性强和科学评价落地性好的人才培养评价体系，凸显德行为重、技能为先、协同并进和创新发展的创新教育新理念。

**四、研究的基本思路、方法和可行性**

研究的基本思路所起的是规范化、统领性等"提纲挈领"的作用，研究方法则重在落地使用的策略与技巧，而可行性主要是指现有资源和条件对于项目研究具体执行的确保情况。此项研究不是单一链条的串接和并联，而是一个有序规整和接续延伸的体系，从基本思路到方法应用，从构想产生到可行性论证，无一例外。现结合相关内容进行说明。

（一）基本思路

基于应用型创新人才的紧需现状，构建"一体两翼、三通四创"的育人体系。即以创新创业教育学院为母体，统筹资源，集中发力，并以大学生创业孵化示范基地和创客工作室为提升实践成效的"两翼"，着力发挥思政引领、创新引领和实践引领"三引领"实效作用，确保专创融合、产教融合和校地融合"三融合"实践落地。

以"三通四创"为抓手，打造"四三二一"创新人才培育体系的"升级版"。即坚持校政行企"四方联通"、学业晋升+创新创业"专创融通"和理论传授+赛创一体"理实贯通"，推进科技创新、网上创业、文化创意和研学创行实践落地，构建并完善"四三二一"应用型创新人才培育体系，即通过校政行企四方联动，搭建学校主体、政府主导、行业指导、企业参与的科技创新、网上创业、文化创意"三大创客平台"，构建创新教育实践及成果孵化"两位一体"教学体系和"一条龙"式创业孵化链条，助力创新人才培养。

（二）研究方法

利用多种方法开展实践研究，不仅能够提高工作效率，而且对深化研究内容、提升总体成效有所帮助。现结合实际需要，主要就规范分析法、比较分析法、定量分析与定性分析结合法、个案分析法等逐一作出说明。

一是规范分析法，深入而广泛地学习创新素养提升相关文件，掌握精神实质，深化应用型创新人才培育体系构建研究。二是比较分析法，比较国内外研究现状，获取全面、精准化数据；锚定"敢闯会创"素养提升，做好对策解析；探索应用型创新人才协同式培育体系的质量标准与推介模式，做好样板化设计。三是定量分析与定性分析结合法，整合材料、分析数据并解析现象，研究应用型创新人才培育体系构建的适用性与实效性，形成归纳成果。四是个案分析法，凝练典型案例，基于调查问卷形成行动方案，研究应用型创新人才培育体系的社会服务效用和对外推广价值。

（三）可行性分析

首先，相关研究者所属单位具备区位地理和科研资源优势。其次，本校创新教育实施"一把手"工程，政策引导和资金支持到位，基础扎实。最后，研究组任务分工明确，责任细化到人，能够保质、保量完成相关研究；研究组集思广益，深入实践，成员经验丰富，时间、精力充沛，有能力落地计划，顺利完成具体任务。

**五、学术创新、观点创新和方法创新**

创新是思维和应用的综合体，也是不断创造和满足需求的催化剂。现结合理论研究和实践探索，在学术创新、观点创新和方法创新等方面，对此项研究的相关内容作出详细注解。

（一）学术思想特色和创新

以"实践出真知"为核心思想，依据马克思主义辩证唯物论，强化教育与生产劳动和社会实践相结合理论及系统论、生态理论等指导作用，疏通开放融通的研究航道，落地创新人才协同式培育体系构建。

找准思创融通、专创融合、产教融合和校地融合能力提升的逻辑起点，理实一体增强孵化基地、工作室等载体项目化驱动和场景浸润功效，实现产学研创用有机衔接，构建长效育人融合机制和人才孵化生态体系。

搭建思政引领、创新引领、实践引领实践功效发挥的坚实桥梁，形成协同作用好、推广价值高的育人体系，使所育人才自主创新意识的增强和应用技能提升有了系统保障。

运用社会价值与经济价值相统一理论，探寻机制、模式和路径综合研究与增值效应提升最佳的契合点，促成了校企协同育人、用人同频共振，便于实现多方共赢。

（二）主要观点特色和创新

凸显自身特色的观点，能够"一语击中"内容研究的"创新性凝练"。强化"三通四创"，对于聚焦和锁定目标、找准切入点和契合点，进而有力拓展应用型创新人才培育机制及相关模式的优化路径，功不可没。

1. 夯实"一体两翼"，推进优质化创新人才培育的新路径

明确社会主义办学方向，落实立德树人根本任务，畅通亦校亦企、能文能武、开放融通的应用型创新人才培养融合式发展路径。落脚于创新发展、机制构建、理论指引和内涵建设等协同研究，明确了创新教育航标指向，使产教融合有了机制保障且被赋予创新发展新内涵。

2. 强化"三通四创",找准协同式培养创新人才的契合点

定位于校企合作、产教融合实践项目对人才的需求,深化"四方联通""专创融通"和"理实贯通",落地科技创新、网上创业、文化创意和研学创行,着力发挥产业链、专业群、产业园、工作室高引领、深融合作用,体现了团队建设与行业需求、技能传授与岗位需求、体系创新与产业发展相统一、素养教育与创新实践相融通,拓展了人才培养机制和模式改革新路径。

(三)研究方法特色和创新

在方法上,践行"知行合一"理念,能够理实一体推进实践认知。一方面,紧贴区域经济社会发展需要,运用链条式解析和生态建构等方式方法,剖析市场需求,有利于解决实际问题;另一方面,又将实践研究上升为普遍经验和一般理论,通过展现融合式、进阶式研究的综合实效,理据分明地验证了社会服务的整体功效。

## 六、成果呈现、使用去向及社会效益

笼统地讲,研究成果的形式不单纯的是以外在形式表现,而其使用去向对研究成果的最终归属和用之所向进行了明确性说明,社会效益则重在体现研究成果的服务功能和推广价值。

(一)成果呈现

凝练成果需要深挖研究主题的深厚内涵,并在内容上加大探索力度,以便形成极具标志性特点的核心成果。此项研究不单以包括发表论文、出版专著或撰写研究报告等理论性成果作结,更重要的在于将实践成果落地应用,带来更大的增值性收益。

(二)使用去向

应用于应用型创新人才培养体系的构建、完善和战略规划、行动方案等的具体实施,总结、凝练提升融合实践整体成效的相关策略与实效做法,并使之逐步形成可借鉴、可推广的特色化实践经验。

(三)社会效益

以"思政引领"服务于区域经济社会发展需要,以"创新引领"契合于

青岛市争创国家级"创业型"城市发展定位，以"实践引领"助推校地融合、产教融合等深入推进，并在校外省内甚至更大范围产生辐射影响。

　　总之，"不同的产业具有不同的价值链"（阳士昆，2005）。鉴于在产业之间、企业内外、行业竞争中皆存在具有较强异质性的价值链，它们提供了各自不同的竞争优势，因而对症的"配方"就显得越发重要。由此，基于"三通四创"探索应用型创新人才培育体系的构建思路，不仅要把握时代发展的脉搏，更要结合产教融合的实际需要，在实效性成果、创新性应用和接续性发展等方面做出新的突破。对此，我们拭目以待。

# 第七节　基于专产相接的英语"学困生"
# 提升策略与创新实践

时下，英语"学困生"现象已成为应用型本科高校普遍存在的实际问题。究其原因，大多是因为此类院校生源质量参差不齐，学生英语基础差异较大，致使这批学生的语言应用技能和综合创新素养低下，亟须在提升策略和优化路径上予以指导，助其找到有效解决方法，以便突破"原来的自己"，塑造"新的自我"，以昂扬姿态，信心百倍地迎战职场新天地和未来新世界。那么，如何深研策略和细化路径，寻求适用性较强的创新教育模式，依托现代产业学院使这批学生能够"改头换面"，便成为研究者关注的焦点性问题。

## 一、研究依据、学术概述和探索价值

在具体的研究过程中，不少基础理论和方法被甄选、采用，它们成为科研活动得以顺利开展的牢固"支点"。依此而行，很多亟待解决的问题被关注，也引发了研究组对于更多问题的深入思考。

### （一）问题的提出

我国自 2018 年以来便下定决心狠抓本科高校的教学质量，不仅有相关部门相继下发一系列纲领性指导文件，也有省市级发布的多个落地式推进文件。它们纷纷要求各个高校深入贯彻落实文件精神，切实抓好本科教学质量。各个民办本科高校，尤其是应用型本科高校更是积极响应，认真执行。

作为应用型本科高校教学质量提升的"堵点"问题，大学英语"学困生"英语水平的提高之所以备受关注，原因主要在于扩招因素、覆盖地域、教学方法和学生自身等。本案例通过调查应用型本科高校中存在的数量较多的英语"学困生"，了解到包括青岛黄海学院在内的一些高校近三年来大一新生的入学英语成绩情况，得出如下结论：在此时段入学英语分数 60 分以下的新生所占比例分别为27.8%、16.1%和19.5%。这部分学生的英语基础相对薄弱，如果不能给予他们适当的学业指导，便很难在英语成绩上获得提升，甚至完成自己的学业。此外，研究组走访的山东协和学院、烟台南山学院、潍坊理工学院等省内高校，也包含青岛城市学院、青岛滨海学院、青岛工学院等驻青高校均存在此问题。经过解析，研究组发现英语学困生问题已成为制约应用型本科高校提质升级的"短板"和"软肋"，要提高本科教学质量，就必须解决这一实际问题。

（二）国内外相关研究学术史综述

我国对英语学困生的研究始于20世纪80年代。李洪元（1989）提出了转变英语学习后进生的"八原则"，钟启泉（1994）从原因诊断、治疗、教学论和性格学分析等不同角度解析了英语差生的教育策略，刘颂（2005）倡导实施营造班级氛围、了解与有效干预英语学习困难学生等适合学困生学习风格的教学策略。进入21世纪后，研究者更是开放了视野，利用先进理论指导实践研究。韩建全（2010）主张运用多元智能理论转化英语学困生，章朝红（2015）探讨了翻转课堂对大学英语学困生的教学意义和实施方法，曾凡碧（2019）则对大学入学前英语学困生问题进行了原因分析，并给出相应转化策略。国外研究立足于现象剖析和根底探究。比如，医生摩根从神经学、医学角度研究了儿童"词盲"这一学困现象，布鲁姆在《人类特性和学校学习》一书中提出的掌握学习理论在矫治学习困难方面取得了瞩目成效，有些专家认为合作学习可以解决儿童学习困难问题。也有些专家认为阅读能力不强者的问题与语言有关，并提出"言语编码差异假说"。而某些专家则分析了英语学困生阅读困难的原因，建议教师密切关注此群体，提倡"以读化人"和"读中提能"。

综上所述，有关英语学困生的研究成果较多，但大多聚焦于基础教育层面；研究大学英语学困生的资料相对稀缺，无法为此类学生"突围解困"提供恰切而有效的行动方案，亟须追根溯源，寻求最佳革新路径，落地于教学实践全过程，并总结出一般规律，形成可供借鉴的参照模式和值得推广的实践经验。近年来，青岛黄海学院坚持从师生实际出发，锚定应用型创新人才培养目标，围绕如何打好"专产相接"这张牌积极施策，针对产教融合、专创融合等工作存在的瓶颈问题对症下药，就如何提升英语学困生的综合应用技能进行了大胆的尝试，并取得了实质性突破。

（三）研究的学术和应用价值

此项研究基于我国乘借产教融合之势，狠抓新时代本科教学质量，提高创新型、复合型、应用型人才培养质量的大背景，聚焦于大学英语学困生"群体症状"而攻坚克难，助力于提高应用型本科高校整体英语教学质量，不仅有着较强的针对性和较好的示范性，有利于夯实英语学困生的语言基础，形成认可度高、辐射性强的提升路径，并且对于有效促进应用型本科高校之外的科研院所进一步实现高质量发展，且在核心成果的研发与应用方面取得突破性进展，极具实用价值，可谓意义非凡。

**二、研究内容、重点难点和研究目标**

在明确研究对象的基础上理顺逻辑机理，对于拟定相关研究的总体框架、寻找研究的重点难点问题和有效定位研究目标进而疏散问题的"症结"，起到了较好的助推作用。下文将结合实际调研工作情况，对其进行具体说明。

（一）研究对象

首先，基于调查问卷、走访座谈和行动研究，获得应用型本科高校英语学困生"困"之根源。其次，通过剖析第一手材料，为此类学生"破局解困"铺路架桥，并探究其非智力因素（性格、情感、意志等）和相关学习策略的现状，寻求指导他们学业提升的适用策略。最后，厘清应用型本科高校英语教学现状和亟须解决的现实问题，为开展"以学定教"探寻可行性方案，并不断深化策略探索和路径研究，融合现代产业学院外在"形态"和创新素养内在"修为"之力，产教一体化培育"专创融合"的职场精英和"一专多能"的可用之才。

（二）总体框架

首先，做好调查问卷、师生访谈工作，并分析应用型本科高校英语学困生现状及大学英语教学现状，为更好地实现专产相接和专创融合积累有效数据和可用素材。其次，在如何激发学困生英语学习的内驱力方面下大功夫，使其明确英语学习的重要性和实用性，并通过非智力因素引领和优质智能带动，增强学生的英语学习内驱力。再次，补齐学困生英语基础知识的"短板"，助其自建或选定优秀网课作为学习内容，多形式引导他们按时完成课程学习，并及时进行阶段性测试和结业性测试。复次，革新大学英语教学方法，在课堂内外强化英语学困生的学业指导，通过提升关注度、创新课堂设计、优化小组合作等增强学生的学习兴趣，并有针对性地进行个性化辅导，实现"一对一"定制学习方案。最后，招募和培养迎时解困的"小先生"，使其走出所在英语协会、创新俱乐部之列，成为二级学院的"学优生"和各级各类英语竞赛的"佼佼者"，以品学兼优的志愿者身份，担任英语学困生学业提升的"领航人"。此举意在通过线上线下、课内课外、常规教学与兴趣教学相结合等方式，全面提升应用型本科高校英语"学困生"的整体英语水平。

（三）重点难点

重点在于想尽一切办法，大面积提升应用型本科高校英语"学困生"的整体英语水平。毋庸置疑，英语"学困生""困"之根源并不在于其智力水平，而是内驱动力的不足。此项研究聚焦于英语"学困生"基础知识薄弱、专业技能低下的现状，有效激发其英语学习的内在动力，进一步构建行之有效的学业提升指导模式，提升学生的总体英语素养和综合应用技能。

难点在于如何找准应用型本科高校英语学困生学业提升的适用策略，并在实践研究上不断深化，形成可行性强、实用性高的应用型创新人才培养模式。鉴于此类英语"学困生"的人数较多和原因各异，因此需要多措并举，实现"因困定教"和"以学定教"，引导"学困生"群体突破心理障碍，自主运用有效策略，以自身优势智能补给学习后劲，克服"短板"，接续蓄力，并为晋升"上游"或继续深造打下坚实的基础。

（四）研究目标

定位于"应用型创新人才"培养，落地产教融合，做好"师生同创"。一方面，大学英语教师要勇担使命，运用好载体和平台，做好知识传授和方法引导；另一方面，"小先生"也要尽好职责，督促和带动英语学困生不断改变自我和超越自我，高效学习，有为而动，在补齐英语知识短板的基础上，向"高标"和"多能"迈进，为进一步深造保驾护航。

### 三、思路方法、创新之处、应用价值和实践成效

清晰的思路、得当的方法，不仅为有效创新打开了"方便之门"，更为凸显相关研究的应用价值和实践成效推开了"敞亮天窗"。通过分梯度、分阶段地开展联动式探索，实现多元化创新成效的提升，以此体现具体的实践应用价值，可以作为推进新航道探索、新模式构建的尝试路径，很值得借鉴。

（一）基本思路

依托产教融合背景，坚持以专创融合为抓手，着力强化专产相接、理实一体性研究。将理论研究与实践探索相统一，深入教学一线开展实地调研，在总结已有经验的基础上复盘教研实践心得。并坚持问题导向，铺就实践研究之路，有针对性地推进实质性探索，把实际经验上升为一般性理论，并在实践过程中不断加以验证和完善。

1. 研究思路"四段式"

首先是准备阶段。成立专班，详细列出问题清单、任务清单和进度清单，明确目标任务和责任分工，确定研究路径与方法，着重厘清应用型本科高校英语学困生的所在班级、英语基础、学困原因、优质智能等基本信息，并制定针对大学英语学困生的"因困施教"方案，处理好教师、学生、"小先生"助教与学校之间的运行关系，"脱虚向实"地建立切实可行的大学英语学困生提升改革行动计划，施行线上线下相结合、课内课外相融合的教学改革实践方案。

其次是实施阶段。在大学英语学困生提升指导的具体工作实践中掌握第一手资料，并通过专题访谈，调查问卷、行动研究等多种形式，重点推进各项工作有序进行。不仅要增强学困生学好英语的自信心，传授给他们正确的英语学习策略，还要改革大学英语教学方法，在课堂上关注英语学困生群体，提高其学习英语的兴趣，运用产出导向法引导这类学生通过"输入—输出—评价"多轮循环"学以致用"。另外，教师在课后也要引导学困生通过网课补习英语基础知识，并建立大学英语学困生辅导群，借助"小先生"的督促作用，形

成"自学+助教"的良好督促态势。

最后为升华阶段。将实证研究、调研分析、案例收集和理论探索有机结合起来，对大学英语学困生提升指导体制机制进行总结提炼，整理形成规律性强、指导性好的汇编材料，并实施第二轮教改，构建认可度高的常模。

2. 具体方法"多联动"

其一，运用多元智能理论，高效发挥英语学困生优势智能，实现英语学习"单联动"。比如，引导"音乐—节奏智能"强的学困生通过学唱英文歌曲来掌握英语的发音、词汇以及相关语法知识，引导"逻辑—数理智能"强的学困生通过识记词根词缀、画思维导图、研究语法等方法学习英语，等等。

其二，运用合作学习理论，帮助英语"学困生"提高英语水平。可通过给全班学生分组的形式，让组内的"学优生"带动学困生；或者给学困生们配备"小先生"，随时随地提供帮助，实现英语学习"双联动"。

其三，运用产出导向法，让英语学困生在学中用、在用中学。在组成驱动、促成、评价三个循环链的同时，强调师生全程"合作创设"教学新场景，使学困生切实提高英语水平，实现英语学习"三联动"。

其四，运用行动研究法，验证学习策略的针对性和实效性。争取每个具体的英语学困生学业提升指导策略，都能通过计划、行动、考察、反思四个步骤，适时开展循环往复式研究，进而让每个策略的适用群体得到历练，并及时验证其有效性，实现英语学习"四联动"。

（二）在学术思想、学术观点、研究方法等方面的特色和创新

1. 基于多种理论综合应用的"研究视角"创新

将多元智能、合作学习、产出导向等理论应用到应用型本科高校英语学困生学业提升指导的具体策略中，在视角上凸显了创新。

2. 建构学生"内驱模式"，提升综合学习效能

探索激发应用型本科高校英语学困生内驱力的教学方法，"由内向外"提升其学习效能，使教学改革凸显"学以致用"和"用以致学"的双效功用。

3. "全员参与"抓教改，"内外联动"重落地

崇尚因困促学、以学定教理念，倡导大学英语教师和学困生"全员"参

与教学方法改革，形成参与程度高、落地效能好的教育教学新机制。主张将课堂内外紧密关联，实现师生线上线下同步提升，打造形成"助学补困"平台和素养接续提升链条。

（三）应用价值和实践成效

此项成果来源于应用型本科高校的大学英语教学实践，不仅能够为本校英语学困生学业提升提供借鉴和指导，也可以为其他兄弟高校着手开展此类工作提供帮助和服务。其实践成效得益于自身的个性化探索，并在实践验证中不断完善和升格。

首先，相关应用价值主要体现在以下几个方面：一则为本校的英语教改提供了指导。通过采用此研究成果，有望大面积提高本院大学英语学困生的英语成绩，解决本科英语教学中的一大难题，接续促进本校大学英语教学改革深入、广泛开展。二则为兄弟单位提供了样本和参照。应用型本科高校的大学英语学困生问题存在很多的共性问题，且相似性极强。此研究成果可复制性强，相关经验及做法可为兄弟院校解决同类问题的实践探索提供样本和参照。三则为职能部门提供了参考性方案。该成果统计数据和实证材料，可为职能部门制定有关提高应用型本科高校教学质量方面的政策提供具体参考方案。

其次，诸多实践成效在个性化的探索中得以体现。一方面，成果表明依托现代产业学院，以专创融合为抓手，以素养提升为目标，多形式探索校企协同提升人才培养质量新路径，具有一定的可行性和较好的适用性。另一方面，说明成果为改观应用型本科高校英语学困生"职场被动、能力受限"的局面提供了新思路、创造了新契机。比如，多主体联动拓展产教融合新路径，依托服务贸易现代产业学院举办"博亚兹杯"商务英语演讲比赛的尝试，就对于学困生打通专业知识和英语技能的"堵点"问题，提供了帮助作用。此举可谓"小中见大"，不仅多链条营造了浓厚的校园文化氛围，多渠道串联了孤立的知识节点，使英语学困生群体在很大程度上摆脱了因知识缺漏带来的恶性循环和心理畏惧，也在实践应用层面使其切实体会到哪怕是取得一次小小的胜利，也是属于自己不小的"成就"和心知肚明的"甜头"。再如，参加具有一定专业水准的区域性学术年会或类似"职面未来，赢接成功"主题的产教融合对接活动，也是深化产教融合、推进专产相接的大胆尝试，其实践不仅成为将外语思维融入日常生活和工作常态的有效探索，也为英语学困生走出自我狭小天地、迈向光辉灿烂大舞台铺展了新视界、创造了新良机。

　　总而言之，此项成果汇集形成的典型案例，立足于应用型本科院校的实际现状，补英语学困生之"短板"、强产教融合外语素养之"弱项"，以"真抓实干"强化了"外语+"思维实践落地，以"解燃眉之急"实效推广了英语素养提升策略的可复制性与可推广性，为培育服务于区域经济社会发展的创新人才和国家全面提高应用型本科高校大学英语教学质量，贡献自身力量。

# 第五章

## 产教融合视域下应用型创新人才培育机制研究相关结论和认知心得体会

本书内容锚定新时代应用型人才培养目标，从解析现代产业学院建设的逻辑机理入手，将产教融合、专创融合、思创融合及校地融合等核心要素，深度融入"应用型本科高校现代产业学院建设的逻辑机理""应用型本科高校现代产业学院建设的实践探索"和"应用型本科高校现代产业学院建设的典型案例"等核心板块内容研究的全过程，最终锁定现代产业学院体制机制下的创新模式构建、优化路径拓展及其实践功效发挥，凸显了新时代现代产业学院建设的应用型、特色化和适用性等综合特征，为应用型高校基于自身实际不断探索现代产业学院建设新路径提供可行性方案和实践经验。

# 第一节　研究所得结论

结论的得出，并不意味着工作的"终结"。在此，将研究所得结论做出如下分解，算是对于依托现代产业学院培育应用型创新人才实践研究的简要汇总，也是想再一次重申研究的核心内容、主题思想和践行路径。

## 一、产教融合、现代产业学院和应用型创新人才培养之间存在紧密的逻辑关系

可以说，三者互相牵引且又互为补充，共同构成了我国高等教育发展的新型模式。

首先，产教融合是现代产业学院建设的核心理念。产教融合实现了产业发展与教育深化的融合共生，通过将产业资源引入教育体系，助推了产业发展与教育改革的有机结合。这种融合共生的关系，有利于打破传统的教学模式，以市场需求为导向，培养具备实际操作能力和创新能力的优秀学子。产教融合不仅有助于提高学生的创新创造能力和就业竞争力，还能为企业、行业输送极具实操经验的高素质应用型人才，有效促进产业发展。

其次，现代产业学院是产教融合的实践载体，也是应用型创新人才培养的具体抓手。现代产业学院建设以产业发展为依托，以市场需求为驱动，通过改革教育体制、优化课程设置、强化实践教学等多种手段，着力培养符合产业发展需求的应用型创新人才。由此，现代产业学院具备的特点主要体现在以下几个方面：一是深厚的产业背景，即现代产业学院与相关企业建立了紧密的合作关系，能够为学生提供丰富的实习、实训等实践机会；二是灵活的专业设置，即能够根据市场需求随时调整专业方向和课程内容；三是雄厚的师资力量，这些师资既包括理论知识扎实的教授，也含纳了实践经验丰富的行业专家。

最后，应用型创新人才培养是现代产业学院的目标。应用型创新人才具有

较强的实践能力，能够胜任项目管理角色，解决实际工作中的技术问题；同时也具备一定的创新能力，善于在实践中发现问题和解决问题，推动产业发展，促进技术更新；此类人才也具备良好的综合素质，注重团队协作，善于沟通协调，能够坚持与时俱进，并持续学习。现代产业学院建设过程中所推行的产教融合办学模式，目的在于为学生提供实践平台和创新环境，为社会培养满足需求导向和具备职业素养的应用型创新人才。

具体如图 5-1 所示。

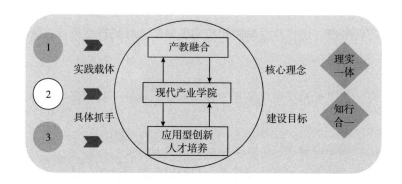

**图 5-1  产教融合、现代产业学院和应用型创新人才培养逻辑关系**

总之，产教融合、现代产业学院和应用型创新人才培养三者之间相互促进、相辅相成。产教融合是现代产业学院建设的核心理念，现代产业学院是产教融合理念落地的具体依附力量和实践载体，而应用型创新人才培养则是现代产业学院建设的目标。通过深化产教融合，推动现代产业学院建设，有助于培养更多具备良好职业素养、实际操作能力和创新能力的应用型人才，为产业、行业发展和社会进步提供强大的智慧支撑和人力支持。

**二、理实一体开展基于"三领三融"的应用型创新人才培育机制构建探索和实践**

贴合产教深度融合需要，注重现代产业学院建设路径、机制和内容创新，主动出击，围绕区域产业多元化需求，积极搭建具有利益共同体属性的"1+

N""1+1+1+N""1+1+N"型现代产业学院，扎根产业，融入区域，实现整合1个区域产业链并升级改造N个专业；坚持校地融合，深度对接1个市级以上行业协会、1个市级以上科研院所、1个市级以上产业园区和N家企业；共建1个现代产业学院和1个产业园，并以此为依托建设N个"蚂蚁兵团"式工作室载体。将其建成现代产业学院的基层教学组织，使项目化教学改革成为主要教学形式。

具体如图5-2所示。

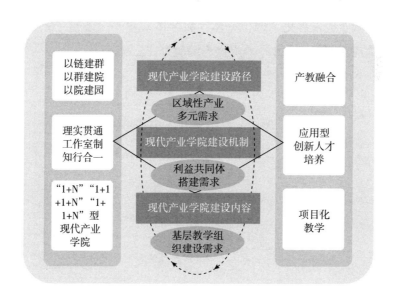

图5-2 "1+N""1+1+1+N""1+1+N"型现代产业学院建设

数据表明，构建并接续完善基于"三领三融"的应用型创新人才培育机制，切实做到了在实际应用中深化认识和升华认知，在真实场景体验中检验现行模式和践行路径，理实一体提升了应用型创新人才培育成效。

**三、产教深度融合构建基于"一体两翼、三通四创"的应用型创新人才培育体系**

使融入产业链的企业所追求的"经济效应"与融入生态圈的应用型本科

高校所追求的"成才效应"有机结合，有助于持续提高产教融合的总体水平和应用型创新人才培养质量。因而，要达此目标，应强化现代产业学院育人载体建设，发挥孵化基地、工作室等"两翼"作用，紧握"三通四创"实践抓手，做实校政行企"四方联通"、学业晋升+创新创业"专创融通"和理论传授+赛创一体"理实贯通"，深入推进科技创新、网上创业、文化创意和研学创行实践落地，锚定打造"四三二一"应用型创新人才培育体系"升级版"，不断强化校政行企"四方聚合联动"，有效搭建学校主体、政府主导、行业指导、企业参与的科技创新、网上创业、文化创意"三大创客平台"，着力构建创新教育实践及成果孵化"两位一体"教学体系和"一条龙"式创业孵化链条，以便为应用型创新人才培养提供不竭动力。

# 第二节　现行研究局限

探索式研究深受现实条件的限制，无法完全避免一定的"局限性"出现。视角的狭隘性、样本的单一性、方法的简单化，以及研究的阶段性等，都会影响到现行研究的深度、厚度、力度和广度。因而，局限在所难免，但依然需要研究人员排除万难，尽力克服弊端性问题。

## 一、研究者本身的局限性

此项研究的核心成员，大多数来自高校的一线教师，虽然有一定的理论水平和实战经验，但研究兴趣和探究视角各异，加之各自的学术素养和生活阅历均有不同，在认知经验、场景体验和实践检验等方面也参差不齐，因而成果呈现存在差别，很大程度上还需要在"理实一体"上下大功夫、做大文章。

## 二、参照样本存在的局限

此项研究所用素材均来自产业行业发展与校企合作的一线，数据有源头，真实感较强。不过，参展样本（如调查问卷和访谈记录等）内容随机性较强，且多少存在滞后性。对于大学生群体的实际调研实践即便"接了地气"，也仍然需要进一步规整和细化。另外，所取样本本身覆盖的范围还需要进一步扩大和适当地外延，对于企业行业，应用型高校和政府部门的联动作用发挥得尚且不够。

## 三、研究思路方法的局限

在思路方面，此项研究虽偏重于以实为主、虚实结合，却也存在或多或少的"务虚做法"，无法规避"避实就虚"的做法。一些需要体现"行稳致远"格局、"知行合一"理念的内容，比如长效机制构建、专创融合模式完善等，在宏观畅想方面体现得较多，而微观落地的意识则略显薄弱。同时，在一些研究上缺乏深度和力度，存在浅尝辄止的做法。

## 四、现行研究阶段的局限

原有研究中的科技创新、网上创业和文化创意，因视角和关注点问题，存在偏"小众化"的局限性，需要进一步结合产业行业发展、学科专业拓展等实际需要，实现"新阶段"的跨越，进一步升格为工科创新、商科创业和文科创意，并汇集、聚拢于研学创行的具体实践过程，以凸显体验式、融合式的育人特征，切实为应用型创新人才培育赋能增效。

# 第三节　未来研究设想

对未来的设想，往往源于对过往的反思和对现实的纠结。在这种"反思"和"纠结"之间，便是当下的设想，它体现了对未来美好的憧憬。具体到本项研究，主要包括健全知识体系、增强创新意识、提升融合成效和深化实践研究四方面内容。

## 一、健全知识体系

在具体的研究过程中，整个团队深深地认识到集体合作的重要性和整体知识架构的实用性。倘若缺失完整、健全和有效的知识体系做支撑，整个研究的"关节"将无法真正打通，当然所遇问题的症结也就无法真正得到解决。这无疑说明，研究团队已有的知识体系对于团队的可持续性研究至关重要。要顺利完成整个研究任务，需要所有参与者不断更新固有知识、不断健全现有知识和持续完善有用知识。这是一项任重而道远的工作，需要每一位成员不懈地努力。

## 二、增强创新意识

在研究的具体推进过程中，固有经验这一创新研究的"杀手"令人感触颇深。可以这么说，各研究成员大都有着自己的学术成果，他们从这些成果的积累过程中捕获到了属于自己的认知体验和实践心得。然而，正是这些得之不易、用之应手的已知"经验"，在很大程度上阻碍了新课题的深入研究，倘若不能统一思想和精当取舍，并做创新性突破，就会陷入"杂乱无章"甚或"不进则退"的尴尬境地。

## 三、提升融合成效

实践证明，研究过程中的"孤岛式"设计思维在所难免。比如，对于产教融合的理解存在单一性、对于现代产业学院建设的个性化思路呈现过多、对于应用型创新人才培育机制在"三领三融"方面的特色凸显过强等。整个研究团队应摒弃"孤立性"理解，丢掉"片面性"认识，积极探讨如何突破常规化思维，将一切无用的想法和虚空的做法置于脑后，使研究板块自然拼接，让研究节点穿线成链，并着力体现学科交叉、多点连接和跨界融合的综合实践成效。

### 四、深化实践研究

不可否认，在具体的研究过程中，研究组成员偏重于理论研讨，即便是将实践经验上升到理论高度的成果，也多少缺乏实用性和适用性。未来，需要进一步结合此项研究的现状和发展动态，不断深化和细化实践研究，并将其实际应用，以"真知"加以验证，争取在推进措施和成果呈现上做到"推进有力"和"应用有效"。

研究发现，"我国产教融合在一些领域已成功破局，由院校单打独斗走向政、行、企、校合力推动，由单一、粗浅、零散、小规模合作走向实体化、市场化、产出型运作"（刁庆军等，2023）。可见"产教融合视域下依托现代产业学院培育应用型创新人才实践研究"的相关探索，正呈现出"方兴未艾"的好势头，对此，大家更应该乘风而上、迎难而进，以"行百里者半九十"的心态和意志迎接未来更大的挑战！

# 参考文献

［1］叶耀辉，廖学强，王海霞．地方现代产业学院建设的要求、路径和保障——基于 16 份省域政策文本的 NVivo 分析［J］.教育与职业，2024（2）：21-27.

［2］［美］帕特丽夏·麦克拉根．学习进化论：从 1.0 到 4.0，成为高阶学习者的进化指南［M］.欧阳瑾，罗小荣，译．沈阳：万卷出版有限责任公司，2022.

［3］夏雪梅．项目化学习设计：学习素养视角下的国际与本土实践［M］.北京：教育科学出版社，2021.

［4］［美］玛格丽特·奥马拉．硅谷密码：科技创新如何重塑美国［M］.谢旎劼，译．北京：中信出版社，2022.

［5］李一诺．力量从哪里来：面对每一个不敢［M］.北京：中信出版社，2021.

［6］顾及．破圈［M］.北京：北京联合出版公司，2021.

［7］［英］乔·博勒．学习天性［M］.黄邦福，译．北京：中国友谊出版公司，2022.

［8］［日］西冈一诚．高效学习：成为学习高手的 5 个方法［M］.徐秋平，译．北京：中信出版社，2022.

［9］王孺童．道德经讲义［M］.北京：中华书局，2013.

［10］戴维斯．影响世界的 56 种上乘思维［M］.北京：中国华侨出版

社，2020.

[11] [韩] 诸葛铉烈，金度润. 没有翅膀，所以努力奔跑 [M]. 千太阳，译. 长沙：湖南文艺出版社，2013.

[12] 龙迎春. 文化自信铸就大国复兴之魂 [M]. 北京：中共中央党校出版社，2021.

[13] 王辉耀，苗绿. 21世纪的中国与全球化 [M]. 北京：中信出版社，2022.

[14] 赵希文，杨海. 大学生项目学习导论 [M]. 哈尔滨：哈尔滨工业大学出版社，2012.

[15] 程星. 大学国际化的历程 [M]. 北京：商务印书馆，2014.

[16] 乔海曙，路华，池灵达. 产教发展共同体：应用型人才培养模式 [M]. 北京：中国社会科学出版社，2021.

[17] 洪银兴. 产学研协同创新研究 [M]. 北京：人民出版社，2015.

[18] [美] 罗恩·理查德，马克·丘奇. 思维可视化教学：哈佛大学教育学院设计可视化思维课堂的18种流程 [M]. 周晓微，李萌，译. 北京：中国青年出版社，2022.

[19] [美] 斯蒂芬·金. 肖申克的救赎 [M]. 施寄青，赵永芬，齐若兰，译. 北京：人民文学出版社，2015.

[20] 黄婷，戴国伟，李犇. "一带一路" 视阈下产教融合创新国际化人才培养论析 [J]. 武汉理工大学学报（社会科学版），2021，34（5）：115-120.

[21] 郑新立. 奔向2035的新发展格局 [M]. 北京：中共中央党校出版社，2021.

[22] 何圣君，王怡. 熵增定律 [M]. 北京：中国水利水电出版社，2021.

[23] 池宇峰. 书的全景：通往幸福、成功、财富的地图 [M]. 北京：中译出版社，2022.

[24] 索成秀，蒿楠. 耶鲁大学国际化人才培养：理念、战略、保障

［J］．黑龙江高教研究，2022，40（3）：56-62.

［25］谢冬．项目导向下应用型本科院校国际化人才培养［J］．长沙大学学报，2022，36（3）：104-107.

［26］思履．图解孙子兵法与三十六计［M］．北京：北京联合出版公司，2016.

［27］惠宇，杜瑞清．新世纪汉英大辞典（第二版）缩印本［M］．北京：外语教学与研究出版社，2016.

［28］［德］赫尔曼·谢勒．思维陷阱［M］．蒋煜恒，译．北京：中国友谊出版公司，2022.

［29］［美］爱德华·阿什福德·李．协同进化：人类与机器融合的未来［M］．李杨，译．北京：中信出版社，2022.

［30］刘润．底层逻辑：看清这个世界的底牌［M］．北京：机械工业出版社，2021.

［31］许倬云．中国文化的精神［M］．北京：九州出版社，2018.

［32］何海江．教育的智慧与愿景［M］．福州：福建科学技术出版社，2021.

［33］鞠萍，李宜伟．基于中华优秀传统文化传播的对外翻译课程开发研究［J］．高教学刊，2022，8（8）：62-65.

［34］金惟纯．人生只有一件事［M］．北京：中信出版社，2021.

［35］诸葛亮．诸葛亮集［M］．北京：中华书局，2020.

［36］俞敏洪．我的成长观［M］．北京：中信出版社，2020.

［37］张峰．行动学习3.0：从"过程引导"到"思维引导"［M］．北京：电子工业出版社，2021.

［38］王亚文，闫莉，王长元，王国珲．教育元宇宙场域下的实验教学探讨［J］．高等工程教育研究，2022（4）：96-101.

［39］张蓉菲，田良臣．智慧课堂场域下教师设计思维：结构要素与培育路径［J］．电化教育研究，2022，43（9）：106-113.

［40］樊登．低风险创业［M］．北京：人民邮电出版社，2019.

［41］吴婷. 战法：成就下一个商业奇迹［M］. 北京：中信出版社，2023.

［42］郭创伟. 惟创新者胜：大变局中的科技强国之路［M］. 北京：中信出版社，2023.

［43］李久鑫. 商业元创新：如何捕获已经发生的未来［M］. 杭州：浙江大学出版社，2023.

［44］华为企业架构与变革管理部. 华为数字化转型之道［M］. 北京：机械工业出版社，2022.

［45］［美］彼得·德鲁克. 管理：使命、责任、实务（使命篇）［M］. 王永贵，译. 北京：机械工业出版社，2009.

［46］阳士昆. 世界 500 强 12 种经典管理工具［M］. 北京：中国时代经济出版社，2005.

［47］王凯，李康海. 创新·创业［M］. 天津：天津人民出版社，2020.

［48］宫慧英，孙慧. 大学英语学困生学业提升指导：以地方应用型本科院校为例［M］. 北京：中国经济出版社，2019.

［49］教育部学校规划建设发展中心. 产教融合与课程改革实践：应用型高校课程改革优秀论文集［M］. 上海：华东师范大学出版社，2019.

［50］刁庆军，李桂云，徐云清. 2021—2022 产教融合校企合作典型案例100 篇［M］. 北京：清华大学出版社，2023.

［51］浙江省教育厅教研室. 大数据时代下学科精准教学模式及其典型案例［M］. 杭州：浙江教育出版社，2023.

［52］刘劲. 结构性思维：解决复杂问题的方法论［M］. 杭州：浙江大学出版社，2023.

［53］李骏翼，张义宝，于进勇，杨丹，徐远重. 超级 AI 与未来教育［M］. 北京：中译出版社，2023.

［54］于振邦. 应用型本科产业学院建设研究——以青岛黄海学院为例［J］. 科技资讯，2022（20）22：152-155.

［55］孙有中. 高等学校外国语言文学类专业"理解当代中国"系列教

材. 英语系列教材. 汉英翻译教程〔M〕. 北京：外语教学与研究出版社，2022.

〔56〕张笑宇. 产业与文明〔M〕. 桂林：广西师范大学出版社，2023.

〔57〕许钧，穆雷. 翻译学概论〔M〕. 北京：外语教育与研究出版社，2023.

〔58〕李敏明. 利益相关者视角下职业教育产教融合的国际比较研究〔J〕. 职业技术，2024，23（2）：49-54.

〔59〕肖化移，李凯娟. 英美两国职业教育产教融合政策及其共性分析〔J〕. 大视野，2023（4）：9-15.

〔60〕胡万山. 产教融合视域下国外应用型大学课程建设的经验与启示——以德、英、美、澳为例〔J〕. 成人教育，2023，43（5）：81-87.

〔61〕费旭明，冯霞敏. 共生理论视域下产业学院校企协同育人共同体建设〔J〕. 江苏教育，2022（92）：20-23.

〔62〕邱飞，钱光辉. 场域理论视角下现代产业学院建设的现实困境与路径突破〔J〕. 应用型高等教育研究，2022，7（2）：28-34.

〔63〕陈昕. 多学科理论视角下产业学院的建设与发展综述〔J〕. 南方职业教育学刊，2023，13（4）：29-38.

〔64〕高向丽，苏晓红. 政产学研协同　教学做创融通——应用型本科高校产业学院建设模式研究与实践探索〔J〕. 平顶山学院学报，2021，36（6）：106-113.

〔65〕李艳娥，肖贻杰. 聚焦企业参与产业学院建设：动因与障碍——基于扎根理论的研究〔J〕. 广州城市职业学院学报，2022，16（1）：1-9.

〔66〕郭大成. 高校促进产学研用结合理论与实践〔M〕. 北京：北京理工大学出版社，2012.

〔67〕隋姗姗，钱凤欢，王树恩. 我国创新创业人才培养路径探析——基于国外经验比较与创新创业教育生态系统构建的角度〔J〕. 科学管理研究，2018，36（5）：105-108.

〔68〕〔英〕约翰·惠特默. 高绩效教练（原书第5版）〔M〕. 徐中，姜

瑞，佛影，译．北京：机械工业出版社，2018．

［69］曹东波．应用型本科院校创业教育教学模式初探［J］．企业导报，2015（22）：117+115．

［70］邢敏．应用型本科院校创新创业教育模式探究［J］．科教文汇（中旬刊），2016（23）：25-26．

［71］丁九桃．创业教育背景下应用型本科高等数学课程创新教育模式研究［J］．高教学刊，2017（8）：87-88．

［72］廖文迪．广播电视编导专业创新创业教育改革的思考［J］．新闻前哨，2021（8）：123-124．

［73］钟世澈．产业学院赋能乡村振兴的内在机理与实践路径——以乡村振兴产业学院为例［J］．教育与职业，2023（5）：51-56．

［74］黄丽颖，王秉政，李潘坡．乡村振兴战略下职业教育"校村企"融合发展研究［J］．教育与职业，2022（6）：49-53．

［75］景莉莉．民办本科院校"校企合作、产教融合"人才培养模式探究［J］．智库时代，2019（15）：51+60．

［76］吴显嵘．基于产教融合的高职产业学院建设机理及路径研究［J］．中国职业技术教育，2018（29）：5-11．

［77］王娇娇，韩鑫彤．浙江省高等职业院校专业设置与产业结构契合性实证研究［J］．职业技术教育，2024，45（2）：34-39．

［78］倪国栋，高兰，王文顺，杨圣奇，许娜．我国创新人才培养研究的现状、热点与趋势——基于CSSCI来源期刊文献的可视化分析［J］．高等建筑教育，2022，31（1）：51-60．

［79］喻聪舟，温恒福．融合式教育治理现代化——新时代中国特色教育治理现代化的新趋势［J］．现代教育管理，2019（7）：22-27．

［80］翟小宁，荣佳慧．创新人才培养的国际经验及启示［J］．中国高等教育，2021（20）：62-64．

［81］李洪元．青海高原多民族儿童数列概念和数的组成能力的比较研究［J］．青海师专学报，1989（1）：10-17．

［82］钟启泉 .“学习失能”及其成因［J］. 上海教育科研，1994（9）：18-20+33.

［83］刘颂 . 高等教育大众化中的教育成本分担问题研究——一种教育公平的视角［J］. 山西财经大学学报（高等教育版），2005（2）：11-14.

［84］韩建全 . 多元智能理论在英语学困生转化中的应用研究［J］. 教育与职业，2010（6）：87-88.

［85］章朝红 . 翻转课堂教学模式对大学英语学困生教学意义探讨［J］. 中国成人教育，2015（21）：168-170.

［86］曾凡碧 . 高中英语学困生问题分析与转化思考［J］. 中国教育学刊，2019（S2）：18-19.

# 后 记

记得一位知名博士在其著作中曾形象地将"教育"一词视作人类构建文明大厦模型的"发电机",言其"发出的电代表智慧,代表国民的知识及技能总体水平"(池宇峰,2022)。可以说,这一高屋建瓴的表述指明了教育系统的发达与否,会直接决定整个人类文明机体的动力是否充足。当然,这一系统也会对推动社会整体进步和提高人们的"幸福感",进而产生不可小觑的作用。

曾在影视作品《繁花》中精彩演绎"爷叔"角色的"90后"老戏骨游本昌,以"活到老、学到老、干到老"作为人生"最大的幸福"。这无疑说明,"幸福"就存在于生命的"自强不息"和生活的"点滴汇聚"之中,这也恰恰是中国文化伟大精神之所在。正如华东师范大学紫江学者许纪霖先生所评论的那样:"中国文化的精神不是孤独的、抽象的理念,它存在于华夏历史的肌肤之中,浸润于亿万百姓的生活"(许倬云,2018)。

倘若延及应用型创新人才培养的层面,依此剖析,这一类人才所具备的"创新素养"及其生发的诸多技能,更是深寓其中不可或缺的关键因子。它们"成形"于生活日常,"成势"于实践应用,勾连着过去,连接着当下,连通着未来;它们不仅要像烹饪、煲汤一样讲求好颜色、美滋味,还要在"热辣滚烫"中让人看得见健康、体会到文化。但在这些"包孕"和"浸润"的过程中,所有的"已然"和"未然",一切的"火候"与"畅达",着实需要一种融合力量强大、辐射作用明显的适用机制来做"牵引"。只不过对于这种牵引力量，人们更加需要强化这样的认知，那就是通过尝试，我们才能更清楚地了解自己的能力和创造的可能性（诸葛铉烈和金度润，2013）。而这种尝试，具体到创新教育模式和人才培养实践上，便是以产教一体化为背景，紧密依托现代产业学院建设，探索并践行凸显"三领三融"特质及其综合实效的应用型创新人才培育机制。

通过强化产教融合，构建和完善基于"三领三融"的应用型创新人才培育机制，是一个很值得深入探索和广泛实践的课题。其价值不仅在于能够帮助研究者基于某种可能提出特定的实际问题，并一一加以解决，还在于能够助其理据分明地探究源头，并循序渐进地落地于实际应用。实践证明，创新能力可以通过后天培养和日常见习来获取，但是机制的引领作用和载体的托举作用都不容忽视。它们发挥的是长效滋养、接续推进、逐层深化和持久渗透的作用；它们体现的是融合发展、创新应用、协同共生和广远辐射的力量。

或许，正是教育本身所具有的这种功能及其发挥的渗透作用，才赋予了人们不断点亮未知世界、得以阔步前行的能量。这种"能量"，包孕和培育着一颗颗永不止步于此的"探求之心"；积淀着深厚的人文内涵，积蓄和生发着科技创新的核心动能。

而在特定的时代背景下，基于"融合式"育人思维培育具有国际化视野的应用型创新人才，更需彰显其非同一般的实践价值。"三领三融"作为融合式育人机制探索的一种新思维、新模式，还需要在漫长的实践过程中不断地加以验证；其构建路径更需要接受新场景、新情境的劲猛捶打和科学考量。尤其是随着数字化时代的飞速发展，人工智能技术凭借着教育元宇宙搭建起的虹桥巨幕，越发显现其不可估量的拉动作用和催生成效。可以说，在当今时代，推进产教融合已成为助力高素质人才培养的锐器、推动高水平科技创新的法器和服务高质量跨越发展的路径。基于此，夯实产业链、系紧行业链、绑牢企业链、疏通教育链和优化创新链，便成为产业、行业、企业、高校等实体在此激烈竞争中取胜的"法宝"。随着龙头企业的深度参与、行业大拿的倾力领衔和校企协同的深入落地，实践再一次证明，依托现代产业学院建立和完善行稳致远的产教融合生态体系，正成为新时代高效助力高素质人才培养和有效促进高质量发展的实际需求，其间应用型本科高校以其担当的角色重任，发挥着自身不可泯灭的光与热。

诚然，产教融合视域下基于"三领三融"的应用型创新人才培养机制建设仍需要大跨度、深层次、高融通地推进；"1+N""1+1+1+N""1+1+N"型现代产业学院建设也需要更加关注国内和放眼全球，时时"行在路上"，步步"踩在点上"，适时内修真功和扩大外延，并不断在推陈出新上获得突破性进展，通过着力优化结构和提升质量，有效增强自身建设的"硬核"实力，为所育人才的核心素养提升奠定更为坚实的基础，真正实现内涵发展、科学发展和创新发展。

从以上几个视角综合来看，产教融合视域下依托现代产业学院培育应用型创新人才的实践研究，才刚刚开始。在新的探索过程中，它还需要研究者和实践者们进一步遵从多方需求，积极搭建有效推进产教融合的"营房"，勇敢拆除阻碍创新思维迸发的"茧房"，围绕创新素养积淀和创造技能应用，不断练习创新素养提升的内功，高效延伸现代产业学院建设的外围空间。与此同时，也要像拉近《论语》与算盘之间的距离那样，想方设法拧紧高素质人才培养与应用型技能融会贯通的"阀门"，在与时俱进中不断地将相关课题研究推向纵深。

于振邦

于山东青岛